中等职业教育规划教材 ZHONGDENG ZHIYE JIAOYU GUIHUA JIAOCAI

U0651077

综合素养

林秀玉 胡飞 ◎ 主编

王莉 童国梁 ◎ 副主编

ZONGHE SUYANG

人民邮电出版社

北 京

图书在版编目（ＣＩＰ）数据

综合素养 / 林秀玉，胡飞主编. -- 北京：人民邮
电出版社，2015.9（2019.8 重印）
中等职业教育规划教材
ISBN 978-7-115-39878-9

Ⅰ. ①综… Ⅱ. ①林… ②胡… Ⅲ. ①素质教育－中
等专业学校－教材 Ⅳ. ①G711

中国版本图书馆CIP数据核字(2015)第166023号

内 容 提 要

本书以项目活动为导向，采用任务引领的编写体例。根据学生今后的工作岗位与性质，注
重以学生的实践能力为中心，对于每个章节辅以典型案例，用综合实训巩固知识与技能，全书
内容包括应用文写作、社交礼仪，实用口才训练三大部分。每个项目由引言、理论知识、技能
训练、作业四部分组成。通过学习和训练，学生不仅能够掌握应用文知识，而且能够掌握社
交礼仪和实用口才的技能，为今后的工作打下扎实的基础。

本书可作为中、高等职业技术学院公共基础课的教学用书，也可供有关文秘人员参考、
学习、培训之用。

◆ 主　　编　林秀玉　胡 飞
　　副主编　王　莉　童国梁
　　责任编辑　马小霞
　　执行编辑　赖文华
　　责任印制　焦志炜

◆ 人民邮电出版社出版发行　　北京市丰台区成寿寺路 11 号
　邮编　100164　　电子邮件　315@ptpress.com.cn
　网址　http://www.ptpress.com.cn
　北京中石油彩色印刷有限责任公司印刷

◆ 开本：700×1000　1/16
　印张：8.75　　　　　　　　　2015 年 9 月第 1 版
　字数：205 千字　　　　　　　2019 年 8 月北京第 9 次印刷

定价：22.00 元
读者服务热线：**(010)81055256** 印装质量热线：**(010)81055316**
反盗版热线：**(010)81055315**

前　　言

　　综合素养是 21 世纪职业教育的基本核心之一，也是广大在校生走向职场必须具备的职业素养，能够帮助广大学生更快更好地适应职场的要求，为其职业发展奠定坚实的基础。所以，综合素养是职业教育中一门重要的公共基础课程。本书主要有应用文写作、社交礼仪和实用口才训练三部分。

　　本书紧密围绕职业发展的需求，采用任务驱动的教学方式编写，每个任务由引言、理论知识、技能训练、作业四部分组成。在每个任务的理论指导和技能训练中都结合较多的实际案例进行说明，技能训练目标明确，要求学者在相关理论的指导下进行实践，通过学生自评、互评、教师点评等环节让学者掌握该项技能。通过本书的系统学习，学者能够掌握职业发展过程中必备的办公文书写作、常用社交礼仪规范和基本的表达与沟通能力，符合职场的要求。

　　本书的参考学时为 36 学时，建议采用理论实践一体化教学模式，各项目的参考学时见下面的学时分配表。

学时分配表

项　　目	课 程 内 容	学　　时
第一篇	应用文写作	10
第二篇	社交礼仪	14
第三篇	实用口才	10
	课程考评	2
课时总计		36

本书由广东岭南现代高级技工学校林秀玉、胡飞任主编，王莉、童国梁任副主编，在编写过程中得到学校领导黄荣生的大力支持，在此深表谢意。

由于编者水平和经验有限，书中难免有欠妥和错误之处，恳请读者批评指正。

编　者

2015 年 5 月

目　录

第三篇　实用口才

第一篇　应用文写作

模块一　应用文概述

一、引言

应用文被应用到社会生活各个领域，包括政治、军事、经济、文化等，是我国党政机关、企事业单位的有效管理工具，也是人们日常生活交际交流的重要工具。在当今的市场经济社会，应用文的作用越来越重要。能否掌握应用文写作，是衡量一个人工作能力高低的标准之一。

但是，在日常应用文的运用中，仍有些人甚至不能写格式规范、内容正确的请假条。如果这样，就会影响个人在社会工作中的形象。俗话说文如其人，如果我们不学好应用文，在别人的眼里，我们可能会被认为是缺乏综合知识能力的人。

二、理论知识

1. 应用文写作的概念

应用文是指国家机关、企事业单位、社会团体以及人民群众办理公私事务、传播信息、表达意愿时所广泛使用的、具有一定的规范格式或惯用体例的实用性文章。

2. 应用文的种类

① 日常应用文书：条据、启事、请柬、邀请函、求职信、感谢信和申请书等。

② 行政公文：命令（令）、决定、通告、公告、通报、意见、议案、会议纪要、通知、报告、请示、批复、函等。

③ 事务文书：计划、总结、竞聘报告、述职报告、调查报告等。

④ 行业专业文书：产品说明书、广告文案、招标书、投标书、市场调查报告、经济合同和毕业论文等。

3. 应用文的特点

① 实用性。

② 真实性。

③ 规范性。

④ 简明性。

4. 应用文的功用

① 沟通和协调作用。

② 凭证和依据作用。

③ 领导和指导作用。

④ 宣传和教育作用。

5. 应用文写作的四要素

应用文写作有四个相互统一、相互制约的因素："写作主体"（作者），"写作客体"（写什么），"写作载体"（怎么写），"写作受体"（为谁写）。

6. 怎样写作应用文

（1）分类指导

① 怎样立意：立意是行文的目标（为什么写）。

② 怎样选材：这是写作的客体（写什么）。

③ 怎样确定结构：对文章进行谋篇布局，通常称为构思（怎么写）。

④ 怎样运用语言：语言是载体，是表达方式的运用。

（2）应用文语言对"得体"的要求

应用文语言要得体应做到以下几点。

① 使用符合该文种的程式化语言。应用文的每一文体一般都有比较固定的写作用语，包括特定用语、惯用语、缩略语等。

② 使用恰当的表达方式和平实的语言。应用文写作一般采用叙述、议论和说明三种表达方式，而又以说明为主。

③ 语言运用要考虑语境。写作应用文时要考虑文种及该文种的性质，体现其语体色彩；要考虑环境场合；要考虑读者对象、作者或作者代表单位的地位及其关系。

（3）提高应用文写作能力的途径和方法

① 要有正确的认识和端正的学习态度。

② 在实践中学，善于思考，多写多练。

③ 掌握应用文写作知识，熟悉不同文种的规范格式。

④ 努力提高自己的写作水平。

三、技能训练

1. 判断题（对的打√，错的打×）

（1）应用文的固定格式要求有两种：一是国家统一规定的，二是人们在长期的生产生活实践中约定俗成的。（　　　）

（2）应用文写作主要考虑写什么、怎么写，不需要受受文对象的制约。（　　　）

2. 填空题

（1）应用文写作有四个相互制约的因素，作者在行文时必须考虑到它们之间的相互影响，这四个因素是：_____、_____、_____、_____。

（2）应用文写作的四个要素是：主题（立意）、_____、_____、_____。

3. 选择题

应用文最常用的表达方式是（　　　）。

A. 叙述、议论、抒情、说明　　　　　B. 描写、议论、抒情、说明

C. 叙述、议论、说明　　　　　　　　D. 议论、抒情、说明

模块二　日常应用文写作

项目一　条　据

一、引言

深圳市长安电子科技公司营销科的李平受命到财务科预支货款 3000 元，并领到一张面额为 50 元的公交储值卡。李平坐公交车到同城的恒泰电子公司购买货物一批。待验货后，他正准备付款时，发现钱丢失了，情急之中他打电话请示张经理。张经理说货物有急用，让他先把货物拿回来，给对方写张条子，明天再把钱送过去，对方同意了。李平郁闷地回到公司，把货物交给了产销科的陈华后，立即走向王总经理办公室，想向他说明原委。不巧王总不在，秘书让李平留下条子，等王总回来后再向他汇报。李平疲惫地回到家里，想到那 3000 元可能要自己垫上了，就觉得郁闷。

二、理论知识

（一）条据的含义和作用

1．条据的含义

人们在日常生活、学习、工作中，借到、领到、收到或者欠他人钱物时，一般要写张字条交给对方，需要对某件事做简单说明以求达到彼此沟通情况的目的，也要写张字条留给对方。这些作为凭证、进行说明的字条就是条据。

2．适用范围

（1）与他人发生钱物往来，需要给对方留下书面凭证。

（2）对某事需要进行简要说明、彼此沟通。

（二）条据的格式和写法

条据根据内容和格式的不同可以分为两大类：一是凭证式条据，二是函件式条据。

1. 凭证式条据

凭证式条据主要有借条、欠条、收据、领条、发条等。它们的格式如下。

（1）写作要点

凭证和条据通常由标题、正文、签署三部分组成。

① 标题。在条子的上方中间，一般要写上"收条""借条"等字样作为标题，醒目地说明是什么性质的条据。既扼要地提示了内容，又便于归类保管。

② 正文。紧靠标题的下方空两格书写正文。条据开头有较为固定的惯用语，一般为"今借到""今领到""今收到"等。如涉及钱物，则要写明数量，数字一般用大写；如果是钱款，末尾则要加上"整"字。数字如有写错的情况，改正后必须加盖章，或重写一张。

③ 签署。条子的右下方为签署部分，需要写上制件人姓名；如是单位，除写明单位名称外，还应写明经办人姓名。然后再下移一行写明时间。

（2）凭证式条据的种类和格式

凭证式条据种类颇多，但格式上比较统一，只要根据不同内容变换字句就行了。

2. 函件式条据

函件式条据主要有请假条、留言条、便条等。所谓函件式，是指格式近似信函，但又不完全同于信函。其基本要求如下。

（1）写作要点

① 标题。

② 称谓。

③ 正文。

④ 致敬语。

⑤ 落款。

（2）函件式条据的种类

函件式条据的种类也很多，其基本格式近似信函，但又可分为有标题式和无标题式两种。函件式条据主要种类有以下两种。

① 请假条。

② 留言条。

三、技能训练

学生讨论，师生共同分析。

引言中的李平到财务科预支货款 3000 元，他应该给财务科写"借条"；同时他又领到一张储值卡，因此应该给财务科写"领条"。他到恒泰电子公司购买货物，货物已到手了，但没钱付款，此时他应该给恒泰电子公司写"欠条"。回到公司，他把货物交给了产销科，产销科的陈华应该给他写"收条"。他找王总，不巧王总不在，秘书让李平写的是"留言条"。他第二天因病未上班，应该给公司人事处写"请假条"。

（1）根据上述情境进行写作练习。

（2）展示学生作业，师生共同订正、修改、讲评。

例文 1

借　条

兹借到财务科人民币叁仟元整（￥3000 元），用于购买货物，三天内以购买货物发票抵还。此据。

经借人：营销科李平

二〇一五年三月二日

6

例文 2

领　条

今领到财务科公交储值卡壹张，面额为人民币伍拾元整（￥50元）。此据。

经手人：营销科李平

二〇一五年三月二日

例文 3

欠　条

今欠深圳市恒泰电子公司货款人民币叁仟元整（￥3000元），定于三天内归还。此据。

经手人：深圳市长安电子科技公司李平

二〇一五年三月二日

例文 4

收　条

今收到营销科李平电子货物一批，价值人民币叁仟元整（￥3000元）。此据。

经手人：产销科陈华

二〇一五年三月二日

例文 5

留言条

王总：

　　我是营销科业务员李平，今天下午我带上从公司财务处预支的 3000 元货款到恒泰电子公司购货时，不慎将 3000 元现金丢失了。我感到非常内疚并自责。由于家庭生活较困难，恳请王总酌情减轻对我的处罚。期待您的答复。

　　此致

敬礼

营销科李平

二〇一五年三月二日

例文6

请假条

公司人事处领导：

  我因生病发烧至39℃，不能上班工作，特向您请假两天（3月3日~3月4日）。望予以批准。

  附上医院证明一份。

请假人：营销科李平

二〇一五年三月三日

四、作业

  请根据下面情境写作条据（不少于三条）。

  李小华今天不能来上课了，因为他母亲早上被摩托车撞了，伤势比较严重，需马上住院做手术。可是仅住院押金3000元就难倒了一家人，因为小华父亲李军是建筑工人，母亲是下岗工人，生活比较困难。小华父亲不得不向邻居张星借了3000元钱。

  第三天，小华班主任陈明得知此事后，发动全班同学献爱心，共捐款2050元。小华激动地捧着这笔钱，郑重其事地交给父亲。其父决定先还给张星2000元，剩下的1000元一个月内还清。

  一个月后，小华母亲康复了，父亲也还清了欠款。

项目二　启　　事

一、引言

情境一

张伟珊打算在深圳市"女人世界"商场 A003 铺开一家名叫美尔雅的时装店，经营欧美时装，并初步定于 6 月 3 日开业。开业前，她要招两名女导购员。一天，正当她在店里装修时，不慎将一个内有营业许可证、信用卡及支票等重要资料的黑色手提包丢失了……几经周折，美尔雅时装店如期开业。

张伟珊需要写哪些启事？

情境二

为了树立品牌，维护店方和消费者的权益，深圳市德高体育用品商场打算向社会各界有偿征集标志设计。如何写好这则启事？

情境解读

情境一分析

张伟珊应先写"招聘启事"，招聘两名女导购员；她不慎丢失手提包，应写"寻物启事"；时装店如期开业，她应写"开业启事"。

情境二分析

深圳德高体育用品商场应通过媒体刊登一则"标志设计征集启事"。

二、理论知识

1. 启事的含义

启事是机关、企事业单位、团体或个人，需要向公众说明某事或希望公众协助办理某事时使用的一种事务文书。

启事的本意是公开陈述事情。"启"，即叙说、陈述之意；"事"即事情。目前有的人把"启事"写成"启示"，这是错误的。"事"和"示"虽读音相同，但意思不同。"启示"是启发指示、使有所领悟的意思，与"启事"大不相同。

2．启事的分类

第一类是征招类启事。

第二类是声明类启事。

第三类是寻找类启事，包括寻人启事、寻物启事等。

3．启事的特点

（1）告启性。

（2）简明性。

4．启示写作指导

尽管启事种类繁多，但其结构大体相同，通常由标题、正文、落款三部分组成。

（1）标题

标题有多种写法：一是以文种作标题；二是以事由作标题；三是以启事单位和文种作标题；四是以事由和文种作标题；五是由启事单位、事由、文种共同构成标题。

（2）正文

正文一般包括启事目的、原因、具体事项、要求等。具体说明启事的内容，必须将有关事项一一交代清楚。

（3）落款

落款处写明启事单位名称或个人姓名和启事日期。

5．启事写作应注意的问题

（1）标题要简短、醒目。

（2）内容要严密、完整。

（3）用语要热情、恳切、文明。

（4）招领启事中涉及财物时，只能说明特征，不能标明具体的数额，以免被冒领。

三、技能训练

1．技能训练一

根据引言中情境二提供的材料进行写作。

（1）学生讨论写作内容及格式。

（2）写作训练、教师巡视、指导。

（3）习作点评、纠错。

（4）订正习作。

2．技能训练二

下面是一则征稿启事，其中有四处错误，请找出并更正。

征 稿 启 事

爱好文学的同学们：

为了丰富校刊《星星草》的内容，特征求下列内容的稿件：园丁颂歌、班级启事、学习心得、读书笔记、思想火花等。

来稿要求内容健康，文字简洁，字迹清晰，篇幅以不超过千字左右为宜。请写明真实的姓名和所在班级。

2015 年 3 月 8 日

《星星草》编辑部

四、作业

拟写一份寻物启事，情境自拟。

项目三　请柬、邀请函

一、引言

为了增进友谊、发展业务，一些单位或个人会邀请上级领导、兄弟单位的有关同志或亲朋好友前来参加重要的活动，如参观、访问、比赛、交流、会面、协商等。为表示庄重，经常使用一种告知性礼仪文书——请柬、邀请函（书），邀请对方出席。同学们，你们收到过请柬吗？发过邀请函吗？今天我们就来学习写请柬、邀请函。

二、理论知识

（一）邀请函的格式

邀请函一般用横式，由以下几部分组成。

1. 封面（正面）

居中写"请柬"或"邀请书"，同时这也是标题。邀请书一般不用封面。邀请书的标题根据需要还可以由事项加文种构成，如"2015 年全国普通高校评卷教师邀请书"；或由发文单位加事项加文种构成，如"阿里巴巴年终客户答谢会邀请函"。字体要略大，要醒目和美观。

2. 称谓

首行顶格写被邀请的单位名称或个人的姓名。

3. 正文

写清邀请的目的、活动内容、时间、地点及应注意的一些问题。

正文应特别注明以下内容。

① 附券：如有参观、文艺活动，或有礼品赠送，应附上入场券，或者领取礼品的赠券。

② 宴请：如有宴请，应写明"敬备菲酌""沏茗候教"等字样，并注明席设何处，以及入座时间。

③ 特别提示：如有特殊的着装要求也应该在正文注明；如需乘车或乘船，

应交代路线及有无专人接站。

4．结尾

通常写"敬请光临""敬请莅临"或"敬请光临指导"。

5．落款

写清发请柬或邀请书（信）的单位名称或个人姓名，下一行注明年、月、日。

有的请柬、邀请书（信）是印刷出售的，如果其格式完整、合用，也可以购回填写。

（二）请柬、邀请函（书）的种类

请柬、邀请函（书）按用途分为以下几种。

（1）会议类：专为庆祝会、纪念会、座谈会等发出。

（2）活动类：专为仪式、宴请、执行等发出。

（3）工作类：专为成果的评审、鉴定、决策的论证等发出。

（三）会议邀请函（信）与通知的区别

邀请函主要用于横向性的会议活动，发送对象是不受本机关职权所制约的单位和个人，其不属于本组织的成员，一般不具有法定的与会权利或义务，是否参加会议由对象自行决定。举行学术研讨会、咨询论证会、技术鉴定会、贸易洽谈会、产品发布会等，以发邀请函为宜。而会议通知则用于具有纵向关系（即主办方与参会者存在隶属关系或工作上的管理关系）性质的会议，或者与会者本身具有参会的法定权利和义务，如人民代表大会、董事会议等。对于这些会议的对象来说，参加会议是一种责任，因此只能发会议通知，不能用邀请函。学术性团体举行年会或专题研讨会时，要区别成员与非成员——对于团体成员应当发会议通知，而邀请非团体成员参加则应当用邀请函。

三、技能训练

曾经，无数的学子满怀对未来的憧憬，带着青春的热情，唱着"再过 20 年，我们来相会"的祝福，洒泪惜别，各奔前程。岁月如梭，光阴荏苒，转眼间，昔日同窗已阔别 20 年。当年意气风发、挥斥方遒的学子也已开始步入不惑之年，他们希望走到一起，尽情享受老同学相聚的温馨——让心栖息，忘却忧愁；说说真话，谈谈友情；回首往事，畅想未来；交流感想，相互勉励。请为某校 1995 届大学毕业生，发一个 20 年同学会邀请函。

要求：

（1）内容要写明相聚的时间、地点、活动事项，并要突出"相聚"的主题。

（2）格式合乎要求。

（3）语言简洁、庄重而不失生动。

备注：

① 因为是 20 年同学聚会，可先回顾校园生活片段，再说明聚会的意义。

② 交代活动的时间、地点、事项，以及需要注意的问题。

③ 用鼓动性的语言发出希望，争取更多的同学参加聚会。

四、作业

熟记请柬、邀请函的写作格式。

项目四 求 职 信

一、引言

同学们，你求过职吗？写过求职信吗？随着改革开放的不断深入，人才的流动日益频繁。特别是在经济高速发展、竞争异常激烈、就业形势严峻的今天，人们都希望找到一份理想的工作。但机会总是青睐主动出击的人，"酒香也怕巷子深"，再优秀的人，在求职的过程中，也要学会自我推销。而推销自己的第一步，就是给用人单位递上求职信（或称自荐信、应聘信）和简历等材料。今天，我们一起学习怎样写求职信。

二、理论知识

（一）求职信的种类

1. 根据求职者的身份划分

（1）应届毕业生求职信。

（2）待业、下岗人员求职信。

（3）在岗人员求职信。

2. 根据求职对象的情况划分

（1）有明确单位的求职信：根据用人单位情况，目的明确地介绍自己。

（2）广泛性的求职信：介绍自己的专长和技能，根据用人单位通常的用人标准来进行写作。

（二）求职信的格式

求职信一般分为标题、称谓、正文、附件和落款五部分。

1. 标题

求职信的标题通常只是文种名称，即在第一行中间用较大字体写上"求职信"。有时也可以写作"自荐信"或"应聘信"。

2. 称谓

称谓要顶格。用人单位明确的，可直接写上单位名称，用"尊敬的"加以修饰，后以领导职务或统称"领导"落笔；单位不明确的，则用统称"尊敬的贵单位/公司/学校领导"领起。

3．正文

正文是求职信的重点。求职信的正文一般由开头、主体、结尾三部分组成。

（1）开头

开头先写问候、寒暄之语，然后进行简洁的自我介绍。如果是有明确目标的求职信，还可先谈谈自己如何看到该单位的征招信息及意欲应聘的想法等。

（2）主体部分

主体部分首先要介绍清楚自己的基本情况，如身份、年龄、学历、政治面貌等，给用人单位一个初步的完整的印象。

中间部分要展开。主要是根据自己的专业情况，针对用人单位的信息或者了解到的用人单位通常的要求来具体地介绍自己。要把自己的专业特长（所学课程）、业务技能（资格证书、获奖情况）、外语水平及其他潜在能力和优点全部呈现出来，突出相关实力，强调相关经历、技能和成就（所获奖项）；还应对个人性格特征、敬业态度、奉献精神、合作意识等做简要介绍，以期用人单位意识到你正是他们的最佳人选。

主体部分是求职信的关键，所以要多了解用人单位的信息，推荐和介绍自己的时候要有较强的针对性。材料的安排上要详略得当。

（3）结尾

求职信的结尾要适当地对用人单位进行赞扬，表示自己对用人单位的认可；同时强调自己的求职愿望，恳请用人单位给自己一次工作机会。祝颂语、致敬语要独立成行。最后要说明的是：回函的联系方式应包括邮政编码、通信地址、邮箱、电话号码等，尽量保证用人单位联系方便。

4．附件

附件要附上有关资料，用以佐证求职信所述内容，增强求职信的可信度，使用人单位对求职者的情况有及时、充分的了解。

5．落款

落款处要写上"自荐人：×××"的字样，并标注年、月、日。求职人要亲自签名，以示郑重和敬意。

（三）求职信的写作原则

1．围绕一个求职目标

如果你有多个目标，最好有针对性地写作多份求职信，并突出每一份求职信的重点，这将使你更有机会脱颖而出。如果求职信的陈述没有工作和职位重点，或是你把自己描述成一个适合于所有职位的求职者，那么你就很难在求职竞争中胜出。

2．把求职信看作推销自己的广告

好的求职信要放眼未来，要让用人单位相信你能创造未来，而不能只展示你过去的业绩，因为未来和过去是不同的时间概念。另外，你的求职信不妨增加一些现代气息，让用人单位感觉到你与时俱进的适应能力和旺盛的精力，如可以设计展示个人风采的网页、制作个人成就手册等。

3．陈述有利信息，争取成功机会

写求职信时，要强调工作目标和重点，语言要简短，并且要避免那些可能会使你遭到淘汰的不相关的信息。人力资源管理者工作都很繁忙，在过滤掉不合适的应聘者前不会花费时间来浏览每一封求职信。当你获准参加面试时，求职信就完成了使命。

（四）例文分析

<table>
<tr><td>

求 职 信

尊敬的×经理：

　　您好！我从《××》报上看到贵公司的招聘启事，这给我提供了一个极好的施展才华的机会。现将我的简要情况介绍给您。

　　我今年 21 岁，广州人，现在××学院中文系公关文秘专业学习，今年 7 月即将毕业。四年学习中，我的各门成绩均在 85 分以上，毕业论文被评为优秀，并在《公关》杂志上发表。我曾在××广告公司实习，也深受经理器重。

　　虽然我在公关文秘方面积累了一些经验，但坦率地说，我还比较缺乏这方面的实际工作经验。但我热爱这项工作，深知这项工作的重要意义。四年学习又为我打下了扎实的专业基础，我觉得我有信心胜任贵公司的公关文秘工作。如能被录用，我将竭尽全力做好工作。贵公司如果同意接收我，请来函与我院中文系学生部联系。

　　此致

敬礼

求职人：×××

2015 年 4 月 16 日

电话：0551—×××××××

</td><td>

招聘信息的获得

专业学习情况介绍过于简略

自己的薄弱环节不宜介绍

</td></tr>
</table>

三、技能训练

　　根据自己的专业情况，向所对口的公司写一封求职信。

要求：

（1）围绕一个求职目标，有针对性地介绍自己，突出自己的专业能力。

（2）格式合乎要求。

（3）层次分明，条理清晰，语言简洁、流畅。

四、作业

组成学习小组，互相评论、修改课堂上完成的求职信。

项目五　感　谢　信

一、引言

尊敬的各位领导:

你们好!我是大一的新生×××,当我提起手中的笔,感慨万千,不知道用什么语言才能表达出我内心的感激之情,此时真恨我们自己学识太浅,只会说谢谢各位领导对我的关怀与帮助。谢谢你们!

当听到××公司愿资助我上大学时,我激动得眼泪就在眼圈里转,一夜都难以入睡。这次非常荣幸得到公司的帮助,对于我个人而言,它缓解了我对经济上的压力,因为我可以用它来支付我的学费和生活费用。而对于我的家庭而言,在一定程度上减轻了我爸爸妈妈的负担。使我能够抛弃思想的包袱,全心地投入学习当中,取得更加优异的成绩。最主要的是让我真切地感受到了社会大家庭的关心。在我遇到困难的时候,在我的背后有许多人在关心着我,支持着我,这不但是对我经济上的帮助,还是对我精神上的帮助。我想,这也将会成为我在今后不懈奋斗、拼搏的动力。

最后愿贵公司蒸蒸日上,祝各位领导工作顺利,身体健康!

此致

敬礼

×××

2015 年 7 月 8 日

二、理论知识

感谢信是一种专用书信,用它来表达对关心帮助过自己的部门和个人的感谢之情,可以抄在纸张上贴在对方单位或邮寄给对方领导。

(一)感谢信的种类

感谢信依据不同的标准可以有不同的分类方法。

1．按感谢对象的特点来分

（1）写给集体的感谢信

这类感谢信，一般是个人处于困境时，得到了集体的帮助，并在集体的关心和支持下最终克服了困难渡过了难关、摆脱了困境，所以要用感谢信的方式表达自己的感激之情。

（2）写给个人的感谢信

这类感谢信的写作者可以是个人，也可以是单位，还可以是集体，是为了感谢某个人曾经给予的帮助或照顾而写的。

2．按感谢信的存在形式来分

（1）公开张贴的感谢信

这种感谢信包括可在报社登报、电台广播或电视台播报的感谢信，是一种可以公开张贴的感谢信。

（2）寄给单位、集体或个人的感谢信

这种感谢信直接寄给单位、集体或个人，受众较小。

（二）感谢信的结构

感谢信的结构一般由标题、称谓、正文、结语、署名与日期五部分构成。

1．标题

标题可只写"感谢信"三字，也可加上感谢对象，如"致张子鸣同学的感谢信""致平安物业公司的感谢信"，还可再加上感谢者，如"赵明康全家致××社区居委会的感谢信"等。

2．称谓

称谓即感谢对象的单位名称或个人姓名，如"××交警大队""刘自立同志"等。

3．正文

正文主要表达两层意思，一是写明感谢对方的理由，即"为什么感谢"；二是直接表达感谢之意。

（1）感谢理由

首先准确、具体、生动地叙述对方给予的帮助，交代清楚人物、时间、地点、事迹、过程、结果等基本情况；然后在叙事基础上对对方的帮助做恰当、诚恳的评价，以揭示其精神实质。在叙述和评价的字里行间要渗透感激之情。

（2）表达谢意

在叙事和评论的基础上直接对对方表达感谢之意，根据情况也可在表达谢意之后，表示自己将以实际行动向对方学习的决心和态度。

4．结语

一般用"此致 敬礼"或"再次表示诚挚的感谢"之类的话，也可自然结束正文，不写结语。

5．署名与日期

写明感谢者的单位名称或个人姓名和写信的日期。

（三）感谢信的特点

（1）公开感谢和表扬。

（2）感情真挚。

（3）表达方式多样。

（四）写作感谢信的注意事项

1．内容要真实，赞誉要恰当

感谢信的内容必须真实、确有其事，不可夸大溢美。感谢信以感谢为主，兼有表扬，所以表达谢意时要真诚，要说到做到。赞誉对方时要恰当，不能过于拔高，以免给人一种失真的印象。

2．用语要适度，叙事要精练

感谢信的内容以叙述事迹为主，要详略得当，篇幅不能太长，所谓"话不在多，点到为止"。感谢信的用语要精练、简洁，遣词造句要把握好一个度，不可过分雕饰，否则会给人一种不真实、虚伪的感觉。

三、技能训练

请给你最尊敬的人写一份感谢信。

四、作业

熟记感谢信的格式、书写注意事项。

项目六 申 请 书

一、引言

（1）问：如果外校一名学生写信给我校的校长申请转学，可以吗？答：不行。因为申请书是写给有关部门和组织的。

（2）问：申请书的应用范围是怎样的？答：申请书的应用范围极其广泛，个人和企事业单位都可以运用这种形式。

（3）问：请说出几种个人写申请书的情形。答：入党、入团、参军、转学、开业、调动、留学、因私出境等。

（4）问：请说出企事业单位需要写申请书的情形。答：如要求增加经费、增派干部或专业技术人员等。

二、理论知识

（一）申请书的结构

1. 标题

申请书的标题一般由申请内容和文种构成。题目要在申请书第一行的正中书写，而且字体要稍大。申请书的标题有两种写法：一种是直接写"申请书"；另一种是在"申请书"前加上内容，如"转正申请书"。一般采用第二种。

2. 称谓

称谓要顶格写，写明接收申请书的单位、组织或有关领导。

3. 正文

正文包括以下三项内容。

（1）申请事项。开篇就要向领导、组织提出申请什么。要开门见山，直截了当，不含糊其辞。

（2）申请理由。写明为什么申请，也就是说明申请书的目的、意义及自己对申请事项的认识。

（3）申请态度。进一步表明自己的决心、态度和要求，应写得具体、详细、诚恳而有分寸；语言要朴实准确、简洁明了。

4．结尾

结尾一般是表示敬意的话，如"此致 敬礼"等，也可写表示感谢和希望的话，如"请组织考验""请审查""望领导批准"等。

5．落款

落款包括署名和日期。署名处要写上"申请人：×××"的字样，日期另起一行，写上申请时的年、月、日。如果申请书是打印或复制件，则署名处要留下空白，由申请人亲自签名，以示郑重和敬意。

（二）例文分析

<table>
<tr><td colspan="2" align="center"><h2>复学申请书</h2></td></tr>
<tr><td>尊敬的校领导：

　　你们好！
　　我是本院工商管理系财会专业 2012 级 1 班的学生夏秋叶。我在去年的一次体育课上，由于不慎摔了一跤，造成左腿骨折，被迫休学。经过一年的治疗和调养，现已基本痊愈，为了不耽误下学期的课程学习，特提出申请，请求复学。</td><td>提 出 复 学 申请</td></tr>
<tr><td>　　去年住院以后，由于不能上课，我就向学院提出了休学申请。在家休养这一年中，我从未放弃过自己的学习。出院不久，我就给自己制订了学习计划。这一年来，我虽不在校，但并未停止学习，还读了不少提高个人修养方面的书，如中外名著等，因此我希望领导考虑能否让我重新跟原班学习。我不知道这种申请是否妥当，但我希望学校请有关老师对我进行考试后再做决定。请领导考虑我的申请。</td><td>陈述休学期间在家自学的情况，并提出跟原班学习的申请，请求给予批准。理由充分，条理清晰</td></tr>
<tr><td>　　此致
衷心的谢意

　　　　　　　　　　　学生：夏秋叶
　　　　　　　　　　　2015 年 6 月 5 日</td><td></td></tr>
</table>

注意：

（1）申请的事项要写清楚、具体，涉及数据要准确无误。

（2）理由要充分、合理，实事求是，不能虚夸和杜撰，否则难以得到上级领导的批准。

（3）语言要准确、简洁，态度要诚恳、朴实。

三、技能训练

阅读教材，以四人为一小组，选用下列材料之一，共同完成一份申请书。教师巡查，回答学生的提问，维持秩序。

（1）阅读以下案例，拟写申请书。

王小明是广东省××技工学校 2011 级电子商务 2 班的学生，还差一年半就毕业了。因家庭经济困难，于 2014 年 9 月中途辍学，到深圳某公司打工。由于没有技能，他的工资很低，生活没有保障。现实告诉他：没文化没技能不行。于是他想返校学习。王小明原来上学时的那个班级已于 2015 年 6 月毕业了，他没法回到原来班级，只能返校插班学习。

（2）阅读以下两个案例，拟写申请书。

案例一：李东阳是××技工学校设计系 G5-2 班的学生，来自贫困山区。他一家七口人，上有年迈的爷爷、奶奶，下有正在上学的弟弟、妹妹，家庭经济来源主要是父母耕种土地的收入，生活十分困难。最近学校要发放困难补助金，李东阳也想提出申请。

案例二：李小华是广州某高级技工学校物流专业的毕业生，由于品学兼优，去年 6 月毕业后，他被深圳市康佳电子集团公司招为员工。根据公司的规章制度规定，李小华要试用半年，合格后方可转为正式员工。经过半年的试用期，因符合条件他被转为正式员工。请以李小华的名义，向公司人事部门写一份转正申请书。

四、作业布置

任选下列情境之一，拟写申请书。

材料一：某住校学生因为患神经衰弱、休息不好而影响学习，申请调换单间。

　　材料二：某同学因参军，申请保留学籍。

　　材料三：某公司员工因家庭困难，申请补助金。

　　材料四：某班级为迎接元旦，申请举办化妆晚会。

模块三　常用事务性文书

项目一　计　　划

一、引言

　　从日常生活到工业生产，再到军事战争，都不能没有计划。我们一般每天晚上都要计划好明天的事儿，这是日计划；工厂要计划每个月的生产量，还要准备材料、配置设备等，这是生产计划；战争的计划性更强，走错一步全盘皆输。由此可见计划的重要性和计划应用的广泛性。那么，我们应如何写好计划呢？这是我们今天要解决的问题。

二、理论知识

1．计划的概念
　　计划是某一个单位、部门或个人，对预计在一定时期内所要做的工作或所要完成的任务加以书面化、条理化和具体化的一种文书。

2．计划的结构
　　（1）标题。
　　（2）正文：包括前言、目标任务、措施、时间安排。
　　（3）落款。

3．计划正文的写作
　　计划正文的写作思路：做什么，怎么做，何时做。
　　具体来说，要先写前言，再写计划的目标任务，然后写采取实现目标的措施，最后写计划的时间安排或进程、步骤。

4．写作计划要注意的事项
　　（1）目标不要定得过高也不要过低，要符合实际。

（2）措施要具体、明确，有可行性。

（3）以说明为主，不要有抒情或者议论。

5．计划的格式

计划的写法没有固定的格式，既可以采用文字叙述的方式，也可以采用条文或表格的方式，还可以采用条文表格综合式、文件式。

6．计划的种类

（1）按内容分，有学习计划、生产计划、工作计划、研究计划、财务计划、教学计划、收购计划、销售计划等。

（2）按范围分，有国家计划、系统计划、地区计划、部门计划、科室计划、个人计划等。

（3）按时间分，有周计划、月计划、季度计划、年度计划、五年规划、十年规划等。

（4）按性质分，有军事计划、工作计划、建设计划、维修计划及各种会议计划等。

7．例文分析

个人学习计划

为开阔视野，增长见识，提高学习成绩，特制订 2007—2008 学年下学期个人学习计划如下。

一、目标

1. 数学及各门专业课的成绩均在 95 分以上，语文达到 90 分，英语超过 80 分。

2. 珠算达到 5 级。

3. 体育成绩 75 分，尤其是推铅球、掷实心球要及格。

4. 读 7~8 本优秀的课外书；另外，坚持读两份报纸、杂志——《南方日报》和《写作月刊》。

5. 钢笔字达到良好水平。

二、措施

1. 课前预习，上课认真听讲，课后复习；按时独立完成作业；做到口到、手到、心到。

2. 遇到难题，先独立思考，不懂再向老师同学请教，直到弄明白为止。

3. 坚持每天打算盘、练钢笔字、看书报和锻炼身体。看书报时遇有用、有趣的内容要做批注，把自己的感想写下来。

三、时间安排

早上：6:20~6:30　　　体育锻炼（主要为跑步）

　　　6:35~6:50　　　读英语单词及课文

中午：12:10~12:30　　打算盘

　　　12:30~12:50　　看报刊

下午：16:40~17:30　　体育锻炼（推铅球、掷实心球）或看课外书

晚上：19:00~19:30　　练钢笔字

　　　19:30~20:10　　做作业

　　　20:20~21:00　　复习专业科目

　　　21:10~21:30　　学英语

　　　21:50~22:20　　读课外书或做批注、写感想

三、技能训练

广州丽莎时装店代理经销著名时装品牌啄木鸟男女 T 恤，按合同将于 2015 年 6 月 1 日正式销售。请你为广州丽莎时装店拟写一份促销计划书。（广州丽莎时装店要求在促销阶段能够保本盈利，重在提高啄木鸟男女 T 恤知名度，促进销售，提高销量。）

提出问题：我们怎样才能完成这个任务？答：我们必须掌握相应的知识、具备相应的能力，才能完成这个写作任务。

提示：

1. 标题

广州丽莎时装店啄木鸟 T 恤促销计划

2. 正文

（1）前言

前言包括计划的指导思想、依据、分析、总目标、总任务。

啄木鸟 T 恤是知名品牌，材质为全棉，图案是刺绣的，有立体感，款式新，质量有保证。（可用一段话表述。）

（2）任务目标

做到保本赢利，重在提高啄木鸟男女 T 恤知名度，促进销售，提高销量。

（3）措施

① 近期工作重点是促销啄木鸟男女 T 恤，为提高员工的积极性，员工每销售一件产品奖励 3 元钱。

② 店内全挂上啄木鸟男女 T 恤宣传彩旗、宣传画，形成销售氛围。

③ 员工上班时间全穿上啄木鸟男女 T 恤，吸引顾客，激发顾客的购买欲。

④ 促销阶段让利顾客，实行 8.8 折优惠。

⑤ 请仪仗队扛彩旗游街。

⑥ 参加区举办的义演。

⑦ 做好销售量和人流量的统计。

时间安排表

时　　间	工 作 内 容	备　　注

3．落款

广州丽莎时装店（盖章）

2015 年 6 月 28 日

四、作业

拟写一份本学期的学习计划。

项目二 总 结

一、引言

下棋的人——尤其是棋坛高手，都知道"复盘"的价值。对局之后，不管输赢，都要静坐下来，认真回想对弈时的每一步，无论是妙手，还是昏招。妙，妙在哪里？昏，又昏在何处？只有这样，自己的棋艺才能不断地提高。

工作总结的过程就如同复盘，它对前一段时间的学习或工作进行回顾、检查、分析和研究，并寻找得失所在，这是一个自我提高的过程，也是制订计划的重要依据，是开展工作的有效手段。通过总结，有利于养成理论联系实际的作风，使我们学会更好地观察事物和分析问题，提高思想认识水平和工作能力。

二、理论知识

（一）总结的概念

总结是回顾和检查一个阶段内的工作、生产、学习任务的完成情况，进行分析研究，找出经验教训并形成文字的应用文。

（二）总结的结构

总结由标题、正文、落款三部分组成。

标题又分公文式标题（一般由单位名称、时限、内容、文种组成）和文章式标题；正文由前言、主体、结尾组成；结尾又分自然收尾和总结全文结尾；落款由单位名称和时间组成。

1. 标题

总结的标题有多种形式，最常见的是由单位名称、时间、主要内容、文种组成的标题，如《××市财政局××××年工作总结》《××厂××××年上半年工作总结》。

还有的总结采用双标题，正标题点明文章的主旨或中心，副标题具体说明文章的内容和文种，如《构建农民进入市场的新机制——运城麦棉产区发展农村经济的实践与总结》《加强医德修养，树立医疗新风——南方医院惠侨科精神文明建设的经验》。

2. 正文

和其他应用文体一样，总结的正文也分为前言、主体、结尾三部分，各部分均有其特定的内容。

（1）前言

总结的前言主要用来概述基本情况，包括单位名称、工作性质、主要任务、时代背景、指导思想，以及总结目的、主要内容提示等。作为开头部分，要注意简明扼要，文字不可过多。

（2）主体

这是总结的主要部分，内容包括成绩和做法、经验和教训、今后的打算等方面。这部分篇幅大、内容多，要特别注意层次分明、条理清楚。

（3）结尾

结尾是正文的收束，应在总结经验教训的基础上，提出今后的方向、任务和措施，表明决心、展望前景。这段内容要与开头相照应，篇幅不应过长。有时候在主体部分已将这些内容表达过了，就不必再写结尾。

3. 落款

在正文右下方写明总结单位的全称和成文年月日。如果标题中或标题下已经有了单位名称，此处也可不写，只写成文日期。

（三）总结的写作要求

总结的写作要求是突出重点、突出个性、实事求是。

（四）总结的作用

总结的作用是多方面的，其主要作用有以下几方面。

（1）通过总结使认识得以进一步深化。

（2）总结是对方针、政策的再检验。

（3）通过总结，推动工作的不断前进。

（4）总结是有效的工作方法。

（五）写作总结的注意事项

1. 要坚持实事求是原则

实事求是、一切从实际出发，这是总结写作的基本原则，但在总结写作实践中，违反这一原则的情况却屡见不鲜。有人认为"三分工作七分吹"，在总结中夸大成绩，隐瞒缺点，报喜不报忧。这种弄虚作假、浮夸邀功的坏作风，对单位、对国家、对事业、对个人都没有任何益处，必须坚决防止。

2. 要注意共性、把握个性

总结很容易写得千篇一律、缺乏个性。当然，总结不是文学作品，无需刻意追求个性特色，但千篇一律的文章是不会有独到价值的，因而也是不受人欢迎的。要写出个性，总结就要有独到的发现、独到的体会、新鲜的角度、新颖的材料。

3. 要详略得当，突出重点

有人写总结时总想把一切成绩都写进去，不肯舍弃任何正面材料，结果总结写得臃肿拖沓，没有重点，不能给人留下深刻印象。

总结的选材不能求全贪多、主次不分，要根据实际情况和总结的目的，把那些既能显示本单位、本地区特点，又有一定普遍性的材料作为重点，将其写详细、写具体，而对一般性的材料则要略写或舍弃。

三、技能训练

请你就本学期的学习、生活、运动等方面进行总结，写一份个人综合性总结。

提示：

教师要先组织学生思考，个人总结要采用哪些内容材料？要运用何种格式写作？

着重指出：

实际工作是复杂多变的，要在有限的篇幅里，反映和总结千变万化的客观事物，就要有很强的概括性，抓住那些能反映客观事物规律的要点来写，这样才能避免事无巨细、面面俱到的毛病。因此，写总结时，要从实际出发，根据本次或某项实践活动的目的、做法，确定中心，抓住重点；还要通过比较，找出和掌握本次或某项实践的特点，赋予本篇总结个性化的特征。这样的总结，才不会成为人云亦云、千篇一律的口水文章，才能给人以新鲜感。

写作总结时要注意语言的得体。一是要符合总结的表达方式，以论说为主，说明为辅。二是语言要准确、简明、朴实。

总结表达的内容要准确，即所用事实、事例、数据、评价、结论等均应准确；

遣词造句也要准确，不能过多地使用含糊其辞、模棱两可的词语，如"大概""差不多""也许""可能""大体上""一般情况下""基本上""据说"等。

四、作业

熟记总结的书写格式和要求。

第二篇 社交礼仪

项目一 仪态规范

一、能力目标

（1）能在不同场合以正确的站姿、坐姿、走姿、蹲姿塑造良好的个人形象。

（2）能在不同场景下正确地使用眼神与面部表情，展示自然、大方、真诚的个性形象。

二、任务情境

某旅游公司的客户接待室来了两个咨询旅游线路的游客，她们刚想开口咨询，却又眉头紧锁，好像对眼前的情景不是很满意：三张办公桌旁的业务员都是东倒西歪的样子，有的斜靠在桌前看报纸，有的半躺在椅子里接电话，有的用双手托着下巴、用胳膊支在桌上聊天。两位游客相互交换了一下眼神，同时退出了这家旅游公司的接待室。

学习要求：

（1）请同学讨论分析前来咨询的游客突然打"退堂鼓"的原因。

（2）随机请几名同学在讲台前进行站、坐、走、蹲等个人仪态的展示，然后请同学们来评析他们的优、缺点。

三、相关案例

一位人事部长带着三位刚从各分公司推选出来的业务骨干去见总裁，因为总裁要从这三位业务骨干中挑选出一人当业务经理。三位年轻人进入总裁办公室时，总裁还没有到，人事部长请三位年轻人稍等。一会儿总裁来到了办公室，只见其中两位年轻人坐在沙发上，一位架起"二郎腿"，而且两腿不停地来回抖动，另一位身子松懈地斜靠在沙发一角，两手攥握手指"咯咯"作响；只有一位年轻人端坐在椅子上等候面试。总裁非常客气地对两位坐在沙发上的年轻人说："对不起，选拔已经有结果了，请退出。"两位年轻人四目相对，不知何故。

讨论：

选拔怎么什么都没问就结束了？请分析其中的缘故。

四、知识链接

（一）仪态美的含义

仪态又称体态，是指人在行为中的身体姿态和风度。仪态比相貌更能表现人的精神气质，而且它往往比语言更真实、更富有魅力。姿态是身体所表现的样子，风度则是内在气质的外在表现。仪态属于人的行为美学范畴，它既依赖于人的内在气质的支撑，同时又取决于个人是否接受过规范和严格的体态训练。英国哲学家培根说："在美的方面，相貌的美高于色泽的美，而秀雅合适的动作又高于相貌的美。"在人际沟通与交往过程中，仪态充当着极为重要、有效的交际工具，它用一种无声的语言向人们展示出一个人的道德品质、礼貌修养、人品学识、文化品位等方面的素质与能力。

仪态美是身体各部分在空间活动变化而呈现出的外部形态的美。如果说人的容貌美和形体美是人体静态美的话，那么仪态美则是人体的动态美。一个人即使有出众的容貌和身材，如果他举止不端、姿态不雅，也不可能有完善的仪表美。追求仪态美一要注意按照美的规律进行锻炼和适当的修饰打扮；二要注意自身的内在修养，包括道德品质、性格气质和文化素养的提升，因为人的外在仪态美在很大程度上是人内在心灵美的自然流露。

（二）站、坐、走、蹲的姿态

1. 站姿

站姿是静态的造型动作，是其他动态美的起点和基础。古人主张"站如松"，说明良好的站立姿势应给人一种挺拔的感觉。如图 2-1 所示就是一种挺拔的站立姿势。

图 2-1　挺拔的站姿

（1）站姿规范标准

站立时，两脚跟相靠，女性双膝和两脚跟靠紧，脚尖分开呈"V"字形，脚尖开度为 45°～60°；男性可两脚分开，与肩同宽。身体重心主要支撑于脚掌、脚弓上。腹肌、臀大肌微收缩并向上提，臀部、腹部前后相夹，髋部两侧略向中间用力。脊椎、后背挺直，胸略向前上方挺起。两肩放松，气下沉，自然呼吸。两手臂放松，自然下垂于体侧，两手虎口向前，手指自然弯曲。脖颈挺直，头部上仰，下颌微收，双目平视前方，面带微笑。

站立时要实现上述标准体姿，使身体挺拔，就要控制肌肉，形成三种肌肉对抗力量：一是髋部向上提，脚趾抓地，如果没有髋部和脚的对抗力，膝部就容易弯曲；二是腹肌、臀大肌保持一定的肌肉紧张，前后形成夹力；三是头部上仰，肩向下沉。只有这三种肌肉对抗力量相互制约，才能保持标准的站姿。

（2）几种基本站姿

① 男士的基本站姿。一种是身体站直，挺胸抬头，下颌微收，双目平视，两膝并严，脚跟靠紧，脚掌分开呈"V"字形，提髋立腰，吸腹收臀，双手在腹前交叉，右手搭在左手上，贴在腹部。

另一种是身体站直，挺胸抬头，下颌微收，双目平视，两脚分开比肩宽略窄，双手在身后交叉，右手搭在左手上，贴在臀部。

② 女士的基本站姿。一种是身体站直，挺胸抬头，下颌微收，双目平视，两膝并严，脚跟靠紧，脚掌分开呈"V"字形，提髋立腰，吸腹收臀，双臂自然下垂，双手放在两侧，中指紧贴裤缝；或双手在腹前交叉，右手搭在左手上，贴在腹部。

另一种是身体站直，挺胸抬头，下颌微收，双目平视，两膝相靠，脚掌呈"丁"字形，提髋立腰，吸腹收臀，双手在腹前交叉，右手搭在左手上，贴在腹部。

总之，站的姿势应该是自然、轻松、优美的，不论采取何种站姿，只有脚的姿势及角度和手的位置在变，而身体一定要保持绝对的挺直。站立时还应注意面带微笑，使规范的站立姿态与亲切的微笑相结合。

（3）不良的站姿

不良的站姿主要表现在：站立时，身体歪斜，探脖斜肩，弯腰驼背；双手抱胸，叉腰，做小动作或将手插在裤袋里等；半坐半立、趴伏倚靠或频繁地变动体位，如手位、脚位。这些都有失仪态的庄重，会破坏自己的整体形象。

（4）站姿的训练

① 借助他人帮助或自己对着镜子进行训练，便于纠正不良姿势，在找准规范动作感觉后，再坚持每次20分钟左右的训练。

② 靠墙站立练习，要求脚后跟、小腿、臀部、双肩、后脑勺都要紧贴墙壁。训练时，还可两人一组，背靠背地站立练习。

③ 头顶书本练习。要求把书放在头顶中心，为使书不掉下来，头、躯体自然保持平衡。这种训练方法可以纠正低头、仰脸、晃头及左顾右盼等不良习惯。

站姿训练每次应控制在20～30分钟，训练时最好配上轻松愉快的音乐，用以调整心态，既可以防止训练的单调性，又可以减轻疲劳感。

2．坐姿

坐姿是一种基本的静态体位，不同的坐姿传达不同的意义与情感，同时有着优雅与低俗的区别。端庄优美的坐姿，会给人以文雅、稳重、大方的美感，给人留下良好的印象，如图 2-2 和图 2-3 所示。

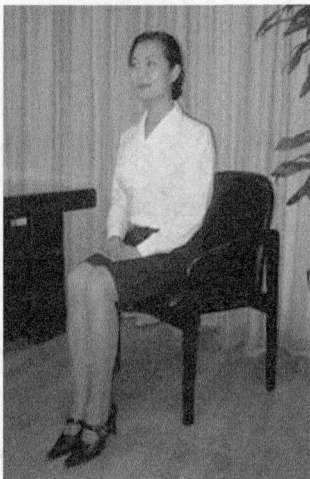

图 2-2　女士优雅的坐姿

图 2-3　男士笔挺的坐姿

（1）坐姿规范标准

轻轻地走到座位前，缓慢转身，从座位左侧入座；坐在椅子上时，至少应坐满椅子的 1/3～2/3。坐下后，头颈正直，下颌微收，面带微笑，双目平视前方或注视对方。身体要保持正直，挺胸收腹，腰背挺直。双腿并拢，小腿与地面垂直，双膝和双脚脚跟并拢。双肩放松下沉，双臂自然弯曲内收，双手呈握指式，右手在上，手指自然弯曲，放于腹前双腿上。

（2）几种基本坐姿

① 男女均可采用的坐姿

● 正襟危坐式：上身与大腿、大腿与小腿、小腿与地面都应当成直角，双膝、双脚并拢（男性双腿之间可适度留有间隙）。这是最传统的坐姿，特别适合于正规场合。

● 大腿叠放式：两条腿在大腿部位叠放在一起，位于下方的一条腿垂直于地面，脚掌着地，位于上方的另一条腿的小腿适当向内收，同时脚尖向下。女性着短裙不宜采用这种姿势。这种坐姿多适用于非正式场合。

- **双脚交叉式**：双脚在踝部交叉。交叉后的双脚可以内收，也可以斜放，但不宜向前方远远直伸出去。它适用于各种场合。在公车上或在自己的办公桌前都可以采取这种坐姿，感觉比较自然，但随时都要注意膝盖不可分开。

- **前伸后屈式**：双腿适度并拢，左腿向前伸出，右腿向后收，两脚脚掌着地。这种坐姿适用于非正式场合。

② 女士宜采用的坐姿

- **双腿斜放式坐姿**：分左斜放和右斜放两种方式。左斜放是指在基本坐姿的基础上，左脚向左平移一步，左脚掌内侧着地，右脚左移，右脚内侧中部靠于左脚脚跟处，右脚脚掌着地，脚跟提起，双腿靠拢斜放。两膝始终相靠。右斜放式的方向相反。这种坐姿特别适用于穿裙子的女性在较低处就座时使用。

- **双腿交叠式坐姿**：这种坐姿在正规或非正规场合均宜用，尤其适合穿短裙子的女士采用。其造型极为优雅，有一种大方高贵之感。双腿一上一下交叠在一起，两腿之间没有间隙，双腿或斜放于左侧或斜放于右侧，腿部与地面约成45°夹角，叠放在上的脚尖垂向地面。

- **微微张开双脚的坐姿**：膝盖靠拢，两脚稍微张开的坐姿，也是变化较多的坐姿之一。尤其在自己不受关注的场合下，就可以做这种程度的放松，但两脚打开最多只能约与肩同宽。

（3）不良的坐姿

不良的坐姿主要表现在：上体不能保持直立，前俯后仰、东倒西歪；摇腿、跷脚、跷二郎腿或将两膝分开；只坐椅子的边缘或瘫坐在沙发上；将脚架在桌面上，勾住桌腿，跷到自己或他人的座位上等。

（4）坐姿的训练

最影响坐姿美感的是腿位和脚位，这也是坐姿训练的主要内容。训练时要求上身挺直、腿姿优美，同时还要注意入座和离座两个环节的训练。

入座时，动作一定要轻缓。先走到坐椅前再转身，一脚在前一脚在后，保持上身的直立和身体的重心平稳，慢慢坐下。女性入座时，要稍微拢一下裙边。

离座时，动作也一定要轻缓。先采用基本的站姿规范，站定之后方可离开。若是起身就走，则会显得太过匆忙、有失稳重。女性离座时，也要注意拢一下裙边。

3. 走姿

行走是人们生活中的主要动作。走姿是站姿的延续，是一种动态的美。走姿能直接反映出一个人的精神面貌，最能表现出一个人的风度、风采和韵味，有良好走姿的人，会更显青春活力。如图2-4所示为两种标准的走姿。

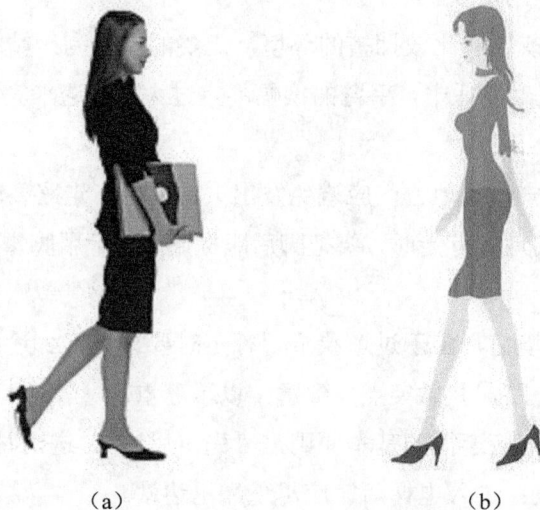

（a）　　　　　　　　　　　　　（b）

图2-4　正确的走姿

（1）走姿规范标准

对行走的总体要求是：轻盈、自如、稳健、大方，有节奏感。

① 头正、颈直、下颌微收，目光平视前方。

② 挺胸收腹，直腰，背脊挺直，提臀，上体微向前倾。

③ 肩平下沉，手臂放松伸直，手指自然弯曲。摆动两臂时，以肩关节为轴，上臂带动前臂呈直线前后摆动。两臂前后摆幅约30°。

④ 提髋、屈大腿，带动小腿向前迈步，脚跟先着地，身体重心落在前脚掌上。身体重心的移动，主要是通过后腿后蹬将身体重心推送到前脚掌，从而使身体前移。前脚落地和后脚离地时，腿须伸直。

⑤ 步位即脚落地时的位置。女子行走时，两脚内侧着地的轨迹要在一条直线上；男子行走时，两脚内侧着地的轨迹不在一条直线上，而是在两条直线上，呈平行线行走。

⑥ 步幅即跨步时两脚之间的距离，即前脚跟与后脚尖之间的距离。通常步

幅是 1～1.5 脚长。

⑦ 行走时脚不宜抬得过高，也不宜过低。过低会使鞋底与地面摩擦过大。

⑧ 速度均匀。在一定的场合，一般应保持相对稳定的速度。在正常情况下，每分钟走 100～120 步为宜。

（2）不同环境中的走姿

① 在人来人往或场面比较拥挤的环境，走姿的要求为：精神饱满，步态轻盈，行走的步幅、速度要适中，手臂的摆幅不宜过大。路遇来宾要让路，躲闪要灵敏，有礼貌。

② 在要求保持安静的地方，应避免发出大的声响，走路要轻盈；穿皮鞋或高跟鞋在没有地毯的地方行走时，要把脚后跟提起，尽量用脚掌着地行走，以免发出声响。

③ 在楼道等环境里，由于过道狭窄，行走时要靠右行。途中如遇来宾迎面走来，要提早侧身让路，并微笑点头致意，以示尊重。

④ 进出电梯时，应遵循的基本原则是"先出后进"。进出时，应侧身而行，以免碰撞、踩踏他人；进入电梯后，应尽量靠里边站。

（3）不良的走姿

不良的走姿主要有：行走时，弯腰驼背，含胸挺腹，脚步呈"外八字"或"内八字"；摇头晃脑，扭腰摆臀，勾肩搭背，嬉笑打闹，粗鲁无礼，我行我素等。

（4）走姿的训练

① 顶书本训练。将书置于头顶，面对镜子；行走时，双臂自然摆动，保持头正、颈直、目不斜视。这种训练可以纠正走路时摇头晃脑、东张西望的毛病。

② 步位、步幅训练。在地上画一直线，行走时检查自己的步位和步幅是否正确。这种训练可以纠正"外八字""内八字"及步伐过大或过小的毛病。

③ 步态综合训练。训练行走时各种动作要协调，最好配上节奏感较强的音乐，注意掌握好走路时的速度和节拍。保持身体平衡，双臂摆动对称，动作协调。

4. 蹲姿

蹲姿是由站姿转化而来的，当人站立时，两腿弯曲并降低身体高度即形成蹲姿。蹲姿只是人们在比较特殊的情况下所采用的一种暂时性的姿态。如要拾取掉在地上的东西或取低处的物品，就必须采用蹲姿，如图 2-5 所示。

（1）蹲姿的规范标准

① 交叉式蹲姿：右脚在前，左脚在后，右小腿垂直于地面，左膝从右腿后面向右侧伸出，左脚脚跟抬起，前脚掌着地，两腿前后靠紧，合力支撑身体；臀部向下，上身稍前倾。左右脚可交换。

（a）交叉式蹲姿　　　　　　　　　　　　（b）高低式蹲姿

图 2-5　蹲姿

② 高低式蹲姿：下蹲时左脚在前，全脚着地，右脚稍后，脚掌着地，后脚跟提起。右膝低于左膝，臀部向下，身体基本上由右腿支撑。女子下蹲时两腿要靠紧，男子两腿间可有适当间隙。下蹲时，上体依然要注意保持正直。左右脚可交换。

（2）蹲姿的注意事项

① 不要突然下蹲。下蹲时，切勿速度过快，特别是在行进中下蹲时，尤其要牢记这一点。

② 不要方位失当。在他人身边下蹲时，最好与之侧身相向，正面面对他人或背对他人下蹲都是极不礼貌的。

③ 不要毫无遮掩。在大庭广众之下下蹲时，身着裙装的女性一定要避免个人隐私暴露在外。

④ 不要随意滥用。不要在工作中随意采用蹲姿，也不可蹲在椅子上或蹲在地上休息。

（三）表情

表情是眼睛、眉毛、嘴巴、鼻子和面部肌肉以及它们的综合运动所表现出的心理活动和情感信息。面部每一块肌肉的细微变化，每一个微妙动作，如眨一下眼睛、皱一皱眉头，都可以表达一个人的内心情感。在人际交往行为给人的各种刺激中，表情占有相当大的比重。它主要是通过目光和微笑来传递信息的。

1. 目光

目光是用眼神来表达情感、传递信息、参与口头交际的一种态势语。眼睛被人们称为"心灵的窗户"，人们内心深处的所有语言都可以通过这扇窗户透露出来。印度诗人泰戈尔说："一旦学会了眼睛的语言，表情的变化将是无穷无尽的。"这说明，眼神语言的表现力是极强的，是其他举止无法比拟的。目光运用得当与否，直接影响到信息传递和交流的效果。因此，我们要学会在不同场合下、不同情况下，应用不同的目光语。

（1）注视时间

在人际交往过程中，目光接触的时间约占30%～60%。如果超过60%，则表示对对方的兴趣可能大于谈话；如果低于30%，则表示对对方或对交谈的话题不感兴趣。除关系十分亲密的人外，视线接触的时间一般以注视对方1～3秒较适宜。

瞳孔是兴趣、偏好、动机、态度、情感、情绪等心理活动的高度灵敏的显示屏，瞳孔的变化会随着人们的情感、态度、情绪等的变化而自发地变化。在某一特定光线下，当一个人的情绪或态度从积极状态转变为消极状态，或从消极状态转变为积极状态时，他的瞳孔就会随之缩小或扩大；当人们对某人或某物表示爱、喜欢或感兴趣，即兴奋时，瞳孔就会扩大；而当人们对某人或某物不喜欢或厌恶时，或在紧张、生气、戒备、消极时，瞳孔就会缩小。已故、希腊船王欧纳西与人谈生意时常常戴着墨镜，其目的就在于掩饰其内心想法。

（2）注视位置

在人际交往中，注视对方身体的不同部位，传达的信息也会有所不同，造成的气氛也不一样。因此，人们应根据不同的场合和对象，选择注视对方身体不同的部位。

① 公事注视：注视区域在额头至两眼之间，即正三角区域内。这种注视给人的感觉是严肃、认真、有诚意，能令对方慎重考虑你的意见，在一定程度上能

让你掌握控制权，保持主动。人们常常在工作交往中，如联系业务、洽谈生意或谈判等场合使用这种注视行为。

② 社交注视：注视范围在两眼至嘴之间的倒三角区域内。这种注视令人感到舒服、有礼貌，能营造出一种和谐的气氛。人们通常在社交活动中，如舞会、宴会、朋友聚会等场合使用这种注视行为。

③ 亲密注视：注视对方的双眼到胸部之间的区域，是一种亲近的注视行为，一般不能随便使用，以免引起他人的误解。这种注视行为通常用于亲人之间、恋人之间。

一般情况下，与他人相处时，不要注视对方头顶、大腿、脚部与手部。对异性而言，通常不应注视肩部以下的部位。

注视并不等于凝视。因此，无论是公事注视、社交注视还是亲密注视，都应注意不可将视线长时间固定在同一位置，这是因为，人本能地会认为，过分地凝视是一种威胁，是在窥视自己内心深处的隐私。所以，与对方交谈时，应不时地将视线从固定的位置移开。这样，能使对方感到轻松、平等，感觉你易于交往。

（3）注视的角度

在与人交谈中，目光自下而上注视对方，一般有询问的意思，即表示愿意倾听；头部微倾斜，目光注视对方，一般表示"噢！原来是这样"；眼睛光彩熠熠，一般表示充满兴趣；而目光东转西移，就会让人感到你心不在焉。在人际交往中，根据目光注视交往对象的角度，大致可以判断与交往对象的亲疏远近关系。

注视他人的常规角度如下。

① 平视：即视线呈水平状态，也叫正视。一般适用于在普通场合与身份、地位平等之人进行交往。平视体现人际交往双方彼此对对方的尊重，也体现平等、公正、自信、坦率之意。

② 侧视：是平视的一种特殊情况，即位于交往对象一侧，面向对方，平视着对方。它的关键在于面向对方，否则即为斜视对方，斜视表示对人的轻蔑，那是很失礼的。

③ 仰视：即主动居于低处，抬眼向上注视他人。仰视表示尊敬、景仰、崇拜，也有期待之意。因此，在面对长辈、贵宾和上司时，仰视对方，容易赢得对方的好感。一个人独自仰视有表示在思考的意思。

④ 俯视：即低眼向下注视他人，一般用于身居高处时。俯视往往带有权威

性，也可对他人表示轻慢、歧视。俯视晚辈也能表示爱护、宽容、怜爱之意。一个人独自俯视表示害羞、胆怯或者悔恨等。

（4）正式场合应避免的不良眼神

① 忌上上下下打量他人，或将目光越过他人头顶向上看。

② 忌盯住对方尤其是异性某一部位"用力"看，更不要盯住对方身体有缺点或有缺陷的部位看。

③ 忌频繁地眨眼看人，一般眨眼的正常次数是每分钟 5～8 次。

④ 在与对方交谈时，忌左顾右盼、东张西望或不停地看表。

2. 微笑

微笑是人际交往的桥梁，微笑是感情沟通的渠道，微笑是心灵盛放的花朵，微笑是人际百科全书最精、最美的序言。微笑给人带来很多益处：它可以给人以轻松的感觉，使人乐于与之交流；它可以改善人际关系，使与他人的误会、隔阂在微笑中烟消云散；它可以牵动你脸上的许多神经，锻炼面部肌肉，使你看起来更年轻。有一首关于微笑的诗写道：

微笑一下并不费力，但它却给人带来永恒的魅力。

它转瞬即逝，却给人留下难忘的回忆。

富则虽富，却无人抛弃。

穷则虽穷，却无人不能给予。

受惠者成为富有，施予者并不变穷。

它给家庭带来欢乐，又是友谊绝妙的表示。

它给疲劳者解乏，又给绝望者以勇气。

如果偶尔遇到某人，没有给你应得的微笑，

那么就请你慷慨地把微笑给予他吧，

因为没有任何人比这种人更需要微笑。

总之，微笑是自信的象征，是礼仪修养的充分展现，是和睦相处的反映，是心理健康的标志。微笑是人际交往的一张万能通行证，如果没有微笑，生活就会黯淡无光。

（1）微笑的要求

微笑应该是发自肺腑、发自内心的，应该笑得真诚、适度、适宜。

① 真诚微笑。当一个人心情愉快和遇到高兴的事情时，就会自然地流露出

这样的笑容。这是一种心情的调节，是内心情感的自然流露，绝不是故作笑颜、假意奉承。发自内心的微笑既是一个人自信、真诚、友善、愉快的心境表露，同时又能营造明朗而富有人情味的氛围。发自内心的真诚微笑应是笑到、口到、眼到、心到、意到、神到、情到。

② 适度微笑。微笑虽然是人际交往中最有吸引力、最有价值的面部表情，但也不能随心所欲，不加节制。微笑的基本特征是齿不露、声不出，既不要故意掩盖笑意、压抑喜悦，也不要咧着嘴哈哈大笑。笑得得体、笑得适度，才能充分表达友善、诚信、和蔼、融洽等美好的情感。

③ 适宜微笑。微笑是全世界通用的语言，但也不能走到哪里笑到哪里、见谁都笑。微笑要适宜，如在庄重、严肃的场合不宜笑；当别人做错了事、说错了话时不宜笑；当别人遭受重大打击、心情悲痛时不宜笑。微笑要注意对象，两人初次见面，微笑可以拉近双方的心理距离；同事见面点头微笑，显得和谐融洽；服务员对顾客微微一笑，表达出了服务的热情与主动。

（2）训练微笑的方法

① 诱导练习：面对镜子，采用诱导法或情绪记忆法让自己微笑。如多回忆美好往事，或展望美好的未来，或让他人讲笑话等，使微笑源自内心、有感而发。

② 发声练习：距离镜子 1 米左右，放松自己的面部肌肉，深呼吸，接着慢慢吐气，并将嘴角向两侧牵动，使嘴角向上颊面提高，让嘴唇略呈弧形，发出"一"声。

③ 当众练习：按照要求，当众练习，使微笑规范、自然、大方，克服羞怯心理。

五、模拟任务训练

（1）同学聚会上，罗志挽着女友前来参加。仿佛是为了展示自己找了位美女，只见他骄傲地昂着头，慢慢踱着"外八字"步缓缓地走进大厅；然后从侍者手中取了杯饮料，斜靠在女友身上喝了起来；喝完后又坐在椅子上不停地晃动脚尖与女友闲聊，还潇洒地用响指招呼每一位刚到的同学。

要求：

罗志的表现符合仪态礼仪规范吗？请全班同学根据所提供的资料模拟演示，同学们分组讨论，老师点评。

（2）某公司经理被别人问到他为什么要录用一个没有任何人推荐的小伙子时说："他神态清爽，服饰整洁；在门口蹭掉了脚下带的土，进门后随手轻轻地关上了门；当他看见残疾人时主动让座；进了办公室，其他的人都从我故意放在地板上的那本书上迈过去，而他却很自然地俯身捡起并放在桌上；他回答问题简洁明了，干脆果断。这些难道不是最好的介绍信吗？"

要求：

这封"介绍信"介绍了小伙子的哪些优点？根据所提供的资料模拟演示，同学们分组讨论，老师点评。

六、思考题

（1）养成文明、礼貌、优雅的举止需要从哪些方面加强训练？

（2）根据所掌握的礼仪知识，结合个人实际，为自己设计一份"提高个人礼仪综合素养"的计划书。

项目二　称　呼　礼　仪

一、能力目标

（1）能根据不同交际场合、情境和对象，在交往中恰当地称呼对方。

（2）能运用得体的称呼，建立良好的社交形象。

二、任务情境

在广告公司上班的王先生与公司门卫的关系处得很好，平时进出公司大门时，门卫都对王先生以"王哥"相称，王先生也觉得这种称呼很亲切。这一天，王先生陪同几位来自香港特区的客人一同进入公司，门卫看到王先生一行几人，便热情地打招呼道："王哥好！几位大哥好！"谁知随行的香港客人觉得很诧异，其中有一位还面露不悦之色。

学习要求：

请同学讨论：为什么门卫平时亲切的称呼，在此时却让几位香港特区来的客人诧异甚至不悦？门卫的称呼有何不妥？应该如何称呼？请同学们模拟示范表演。

三、相关案例

【案例1】

有一次，演说家曲啸同志应邀到一所监狱向服刑人员演讲。他遇到了一个难题，那就是怎么称呼的问题，如果叫"同志们"吧，好像不大合适；叫"罪犯们"吧，好像会伤害到对方的自尊。经过考虑，曲啸同志在称呼他们时，说的是"触犯了国家法律的年轻的朋友们"。谁知这句称呼一出来，全体服刑人员热烈鼓掌，有人还当场落下了热泪。

【案例2】

有一次，有一位先生为他的外国朋友订做生日蛋糕，并要求代写一份贺卡。蛋糕店小姐接到订单后，询问那位先生说："先生，请问您的朋友是小姐还是太太？"这位先生也不清楚朋友是否结婚了，想想一大把年龄了，应该是太太吧，于是就跟小姐说写太太吧。蛋糕做好后，小姐把蛋糕送到指定的地方，敲开门，只见一位女士开了门，小姐有礼貌地询问："您好，请问您是怀特太太吗？"女士愣了愣，不高兴地说："咦？错了！"就把门关上了。蛋糕店小姐糊涂了，打电话向订蛋糕的先生再次确认，发现地址和房间号码都没错，于是再次敲开门，说道："没错，怀特太太，这正是您的蛋糕！"谁知这位女士大叫道："告诉你错了，这里只有怀特小姐，没有怀特太太！"接着，只听"啪"的一声，门大声地关上了。

讨论：

请同学们针对以上案例谈谈你的看法，评价一下两个案例涉及的称呼礼仪问题。

四、知识链接

（一）称呼礼仪的含义

称呼，主要是指人们在交往过程中对彼此的称谓，它表示人与人之间的关系，反映一个人的修养和品德。称呼是交际语言中的先行官，是沟通人际关系的一座桥梁。一声得体又充满感情的称呼，不仅能体现出人的文化和礼仪修养，也会使交往对象感到愉快、亲切，促进双方感情的交流，为以后的深层交往打下良好基础。因此有人把称呼比作交谈前的"敲门砖"，它在一定程度上决定着社会交往的成功与否。

称呼礼仪将为我们在现实生活中如何正确而友好地称呼别人提供指导规范。在我国，深厚的礼仪积淀决定了对称呼的严格要求。在社会交往中，交际双方见面时如何称呼对方，直接关系到双方之间的亲疏、了解程度、尊重与否及个人修养等，因此对称呼不能随便乱用。在人际交往中，弄明白如何称呼对方非常有必要。一个得体的称呼，会令对方如沐春风，为以后双方的交往打下良好的基础；而一个不恰当或错误的称呼，可能会令对方心里不悦，影响到彼此的关系乃至交际的成功。可是在现实生活中有的人缺乏与人沟通的技巧或者不懂称呼礼仪，常常闹出笑话，平添许多烦恼。

（二）称呼的几种功能

1. 呼唤功能

称呼具有呼唤功能。当我们喊道"小陈，请过来一下"，这一声"小陈"，就是我们在呼唤对方，希望引起当事人的注意，因为喊的是"小陈"而不是小张、小王。

2．关系功能

称呼能反映出呼唤人与被呼唤人之间的关系。例如，一人说："妈妈，我们今天晚上去哪里吃饭呢？"这个"妈妈"的称呼，反映出两个人是母女关系或者母子关系。

3．情感功能

除了能反映出呼唤人与被呼唤人之间的关系之外，称呼还可以反映出两个人之间的态度和情感。如一位姑娘对一位小伙子喊"张国平同志""张国平""国平"，随着称呼的改变，说明姑娘对张国平的态度和感情在发生改变，可能两个人经历了同志关系、恋爱关系，直至结为夫妻。当然，如果两个人已成为夫妻，如果某天姑娘喊道"张国平同志"，那有可能是小伙子惹姑娘生气了，这时的"张国平同志"的称呼也正好反映出姑娘严肃的情感和态度。因此，看似简单的一句称呼，却成为度量人际关系的一把尺子。

（三）称呼的几种方式

不同的称呼方式反映出不同的亲近关系。我们把称呼分为国内称呼方式和国际称呼方式，在具体称呼时要注意内外有别。

1．国内称呼方式

通常国内的称呼方式有以下几种。

（1）直呼其名的称呼

如"王霞"，这种直呼其名的称呼一般适用于同事、同学、朋友之间。

（2）只呼名不道姓

如"志国"，这种称呼显得亲近，反映出两人之间的关系比较亲近，适用于平辈间关系比较好的朋友、同学，也适用于长辈对晚辈，或者老师对学生的称呼。但这种称呼不适合于晚辈对长辈，异性之间一般也不可这样称呼。

（3）相对年龄的称呼

如称呼"老王""小张"等，这种称呼在职场中常见，但不适用于正式场合，也不适合在校学生。

（4）仿亲属称呼

如称呼"大姐""小妹""大爷""大哥"等，这种称呼是用一种不是亲属而仿似亲属的方式来称呼对方，会拉近彼此之间的距离，显得亲近或亲密，目前在职场中比较适用，在社会交往中也广泛运用。如在问路的时候，说"请问这位大哥，到百货大楼应该怎么走啊"，对方会很热情地告诉你具体行走路线。值得注意的是，这种称呼方式不适用于正式场合。在使用时要注意内外有别，哪怕平时很熟悉的朋友，如果在一个正式的社交场合，也应按照正式称呼来称呼对方。

（5）称呼"老"或"先生"

对年纪大的知名人士、学问高深的老人，我们可以尊称对方为"老"或者"先生"。如"方老""胡老""余先生"等，表示一种对长者、学者、长辈的尊重之情。

（6）称呼职业、身份

用对方的职业和身份去称呼他，如医生、律师、教师，可以称为"李老师""赵医生""张律师"，这种称呼适用于正式场合。

（7）称呼行政职务、技术职称

按照对方的行政职务或者技术职称来称呼，这是一种最正规的称呼方式。如"王总经理""张局长""赵处长""陈教授""李总工程师"，这里的"总经理""局长""处长"就是行政职务，"教授""总工程师"就是技术职称，这种称呼方式适用于职场、正式场合、社交场合。这种称呼更能显示出对交往对象的尊重，也能区分出对方不同的身份。有时在特别正式的场合，还可以在称呼职务前加上对方的姓名，如"×××主席""×××省长""×××书记"等。

（8）泛尊称

这种称呼方式是与国际称呼礼仪接轨的，即对男性统称"先生"，对女性则按实际情况分别称为"女士""小姐""夫人""太太"。一般情况下，女性未婚者称为"小姐"；对于女性婚否状况不清楚的可称为"女士"，同时"女士"又可作为书面语称呼或职业女性称呼；对已婚女性一般称为"夫人"或"太太"，其中，"夫人"是特指有一定政治地位、身份较高的已婚女子，如"撒切尔夫人""居里夫人"等。

（9）称呼"同志"

可以单独称对方为"同志"，或者连名一起称呼。如"马平同志"或"马同志"，也可以称"解放军同志""小李同志""老同志"等。现在，同志这一称呼在党内人士之间用得比较多。

（10）简称

有的称呼比较长，可以采用简称。如"王总经理"可以简称为"王总"，"刘工程师"可以简称为"刘工"。不过，这种简称只适用于非正式场合，在正式场合还是要按照全称来称呼。

2．国际称呼方式

在国际交往中要按照不同国家、不同民族、不同文化背景来称呼，不可按照国内称呼习惯简单套用，更不可乱称呼。一般有以下一些国际称呼方式。

（1）对地位高的官方人士

对地位高的官方人士，一般称"阁下"。这些地位高的官方人士一般是部长级以上的高级官员，可以称为"部长阁下""总理阁下"。称呼的时候还可以用职衔加先生，如"总理先生阁下""大使先生阁下"等。

（2）对来自君主制国家的贵宾

对来自君主制国家的贵宾，一般按其习惯称国王、王后为"陛下"；称王子、公主、亲王等为"殿下"；对有公、爵、侯、伯、子、男等爵位的人士，既可称其爵位，也可称"阁下"，有时也可称"先生"。

（3）对有职业、职务或学位人士的称呼

知道对方职业、职务或学位的，可按其职业、职务或学位进行称呼，如"服务员小姐""护士小姐""秘书小姐"等；也可按其职业进行称呼，如医生、法官、律师、博士等；还可按其职务或学位进行称呼，也可在称呼时加上其姓氏或先生，如"李医生""张教授""法官先生""市长先生"等。

（4）对军人的称呼

对军人一般称其军衔或军衔加先生，如"上校先生""中尉先生"；如果知道其姓名，可加上姓名一起称呼，如"戴维斯元帅先生"；有些国家对将军、元帅或高级将领也称"阁下"，如"威尔逊将军阁下"。

（5）对神职人员

对神职人员，一般按其在教会内的职务或职称进行称呼。例如，基督教中称为主教、神父或牧师，天主教中称为教皇、主教、神甫、修士或修女。对这些神职人员，除了称其在教会内的职称外，还可用姓名加职称或职称加先生进行称呼对主教以上的神职人员。有时也可称阁下，如"牧师先生""主教阁下"。

（6）对于有"同志"相称的国家

对于有"同志"相称的国家，对各种人均可称为"同志"，如"主席同志""大使同志""司机同志""服务员同志"等，也可姓名加同志，如"爱德华同志"。

此外，在称呼中还要注意国别性差异。如在英语国家，一般名前姓后，女子婚后跟夫姓。如"玛格丽特·撒切尔"，其中撒切尔即为夫姓。姓名前加小字表明起名沿用了父或父辈之名。与美、英人士交往一般在其姓氏前加"先生""小姐""女士"则可，熟悉的也可直呼其名。

俄罗斯的人名由本名、父名、姓三部分组成，女子婚后也随夫姓，如"米哈衣尔·谢尔盖伊维奇·戈尔巴乔夫"。在俄罗斯，口头称呼中一般只称呼姓氏或本名。

日本的人名和中国人名顺序一样，但日本的人名较长，称呼时需要分清姓和名，如"桥本龙太郎""安倍晋三"。

（四）称呼的注意事项

在称呼语的使用中，为了更好地把握称谓，要注意以下几个方面的问题。

（1）要根据交往双方的关系、深度、远近程度等有选择性地称呼。一般来说，交往时间越长、交往程度越深、双方关系越好，对称呼就越讲究。因为这时的称呼，已经成为人们之间关系的"晴雨表"或"测量计"。如当交往双方已经很熟悉时，备倍感亲切的称呼突然改变，就会使原来亲密的关系变得生分起来，会使交往双方的心理距离扩大，甚至在交往双方心里留下阴影。

（2）在称呼时要注意民族和区域的界限，应根据称呼人的交往习惯选择称呼。由于不同民族或地区的宗教、文化等习惯不同，人们对不同称呼的感受也会不同。人们总是希望对方按自己的习惯称呼自己，所以，要去了解他人的习惯、习俗，用对方习惯的方式去称呼他。另外，由于交往区域和场合的不同，称呼同一交往对象时还要"因地制宜"，采取合乎时宜的称呼。如面对同一交往对象，在不同的交往场合（如私底下或公共场合），在称呼上是有区别的。

（3）要注意称呼的感情色彩，给不同的交往对象被尊重之感。称呼的不同，其所包含的感情色彩就不同。如对同一交往对象，用通称、职衔称、敬称、亲属称等分别称呼时，其感情色彩是截然不同的。例如，亲属称给人亲近之感；敬称给人尊敬之感，但亲近不足；职衔称和通称给人公事公办之感，少了感情色彩。

（4）注意类似一些昵称、小名或者绰号的称呼仅适用于非正式场合或者熟人之间，不可在正式或社交场合称呼对方的小名、绰号。

（5）注意不要以"喂""哎""3 号""那个端盘子的""卖菜的""老头儿"等类似的方式去称呼对方，这样显得很不礼貌；更不能不称呼对方直接进入谈话。

（6）使用称呼时就高不就低。例如，看到单位的副主任，应该称呼"主任"，而不要把那个"副"字也叫出来。

（7）当被介绍给他人，须与多人同时打招呼时，称呼要注意有序性。一般来说先长后幼，先上级后下级，先女后男，先疏后亲。特别在涉外场合，称呼的次序更为重要。

（五）称呼的禁忌

在交往中要注意，不要使用不合时宜、不文雅、不随俗的称呼，以下几种情况是应该避免出现的。

（1）使用错误的称呼。例如，将姓或名字错读或误读，如"郇""查""盖""朴"等姓的误读。

（2）使用易引起误会的称呼。例如，称未婚女士为"夫人"，或错误判断他人年纪、辈分等进行的称呼。

（3）使用不通行的称呼。某些称呼带有很强的地域性，如果乱用则会使人误会。例如，"爱人"一词，外国人多理解为第三者，"小鬼"会被外国人认为是精灵、鬼怪。东北人习惯称陌生人"伙计"，南方人则会认为"伙计"是打工的。

涉嫌庸俗、低级的称呼更是交往中应该避免的。例如，"哥们儿""死党""朋友""兄弟"，在正式场合一定不能用。

随便给人起绰号和称呼别人绰号都是不应该的，都会影响正常的人际关系。

五、模拟任务训练

（1）有一位年轻人想要去市工商局，走了很长一段路，不知距目的地还有多远。这时，他看见一位老者在前方行走，跑过去张口就问："喂，老头儿，市工商局还有多远啊？"老者抬头望了年轻人一眼，说："5 里。"年轻人大喜，也不道谢，急忙往前走，可走了很长一段路，早就有几个 5 里了，还是不见工商局。年轻人不禁骂起老者来。

要求：

小组讨论：请问年轻人的问题出在哪儿？小组派代表分别扮演老者和年轻

人，表演如何问路。分组上台试演，全班评议。

（2）一位西装革履的男士进入一栋写字楼，问前台秘书小姐："这是四方公司吗？"小姐不理。这时，有两个客户走来，秘书小姐说："李姐，王哥，我们经理正等着你们呢……"

要求：

小组讨论：以上情境中的称呼上有什么问题？分别由组员担任各角色，上台试演，全班评议。

六、思考题

（1）在具体称呼时应如何注意内外有别？

（2）正式场合和非正式场合的称呼有哪些区别？

（3）设想几种不同的社交场景，思考如何根据不同交往对象进行称呼。

项目三　握 手 礼 仪

一、能力目标

（1）能用正确的姿势握手。

（2）能根据不同的交往对象和场景，准确地把握握手的时机和顺序。

二、任务情境

张先生与王小姐在公园相遇，由于好久没见，张先生大方、热情地向王小姐伸出手去，想与王小姐握手，谁知王小姐却不将手伸出来与之同握，反而将手放进裤袋里。张先生只好尴尬地收回了自己的手。

如果你是张先生或者王小姐，你会怎么做呢？

学习要求：

请同学们思考，在这个情境中，交往双方有些什么问题？全班展开讨论，说出理由，说明应该如何处理，看看哪一种做法更好。再请几位同学面向全班进行模拟表演。

三、相关案例

【案例1】

在一次接待某省考察团到访的任务中，小王因与考察团团长熟识，因而作为主要迎宾人员陪同部门领导前往机场迎接贵宾。当考察团团长率领其他工作人员到达后，小王面带微笑，热情地走向前，先于部门领导与团长握手致意，表示欢迎。小王旁边的领导面露不悦之色。

【案例2】

某国的商业代表团到一个大国访问，大国的一位首脑人物负责接见。这位首脑人物与代表团团长握手时，代表团团长心中不悦，因为对方戴着手套和他握手。为了表示心中的不满，他顺手摸出一块手帕，擦了擦刚握过的手，把手帕扔掉了。他认为对方嘲弄他和他的国家，这是不能容忍的。

讨论：

请针对以上两个案例谈谈你的看法，评价一下材料中涉及的行为有何不妥之处。

四、知识链接

手是人类最灵巧的器官，它的一个细微动作、一个简单的姿势都能表达丰富的含义。如果说眼睛是我们心灵的窗户，那么手则是显示人的态度和性格的屏幕。美国著名教育家海伦·凯勒曾这样描写自己与人握手的经验："我接触过的手虽然无言，但却极有表现力。有的人握手能拒人千里……我握着冷冰冰的手指，就像和凛冽的北风握手一样。而有些人的手却充满阳光，他们握住你的手，使你感到温暖……"

握手是一种社交肢体语言。热烈的握手会加深心灵的沟通，使双方内心有一种强烈的融合感。见面时的握手，无论对男性还是女性，的确都是恰当的肢体接触。握手不仅能沟通感情，而且有助于树立自己的社交形象。

（一）握手礼仪的含义

握手礼是我国乃至世界上最通行、最普遍采用的礼节形式，它起源于远古，具有多种含义。

1. 友善的表示

握手最早可以追溯到原始社会。当时的生存条件极其恶劣，人们用以防身和狩猎的主要武器是棍棒和石头。传说当人们路遇陌生人时，如果双方都无恶意，就会放下手中的东西，摊开给对方看，表现自己没有任何进攻能力；后来就发展为手心向上，并向前伸出双手，然后走近，与对方互相拍拍，表示不但没有任何恶意，还欲与对方交好，以示友好和亲善。这种见面摸手的习惯沿袭至今就成了今天的握手礼。

2. 和平的象征

中世纪时期的骑兵，全身披戴盔甲，除眼睛外，身体全部严密地包裹在甲胄里。如果两位骑士相遇并欲表示友好，互相接近时就会脱去右手的甲胄，然后张开右手表示没有武器，并相互抚摸一下。这种习惯发展到后来，如果交战国双方有诚意坐下来谈判，见面时就要握手，以表示双方愿意和平共处；一旦签订停战协议，互换文本时，双方代表又要握手，表示化干戈为玉帛，握手庆贺。

3. 现代化的多重含义

握手礼从远古发展到今天，已具有很多的含义。除了在见面时表示友好、和善、应酬、寒暄外，还在告辞时表示道别，也可表示对他人的感谢、祝贺和慰问、安慰等，如图 2-6 所示。

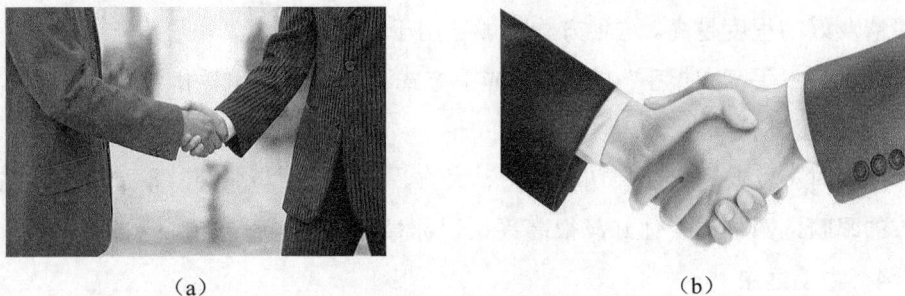

(a)

(b)

图 2-6　握手

（二）握手的正确方式

聚散忧喜皆握手，此时无声胜有声。握手时，动作的主动与被动、力度的大小、时间的长短、身体的俯仰程度及视线的方向等，都体现出了握手人对交往对象的不同礼遇和态度，也体现出握手人自身的涵养和素质。因此，有必要掌握正确的握手方式。

1. 距离适度

握手时两个人的距离最好保持在 1 米左右，太近会让人觉得局促不安，太远会显得生分，好像故意冷落对方。适度的距离会让人觉得亲切友善、有礼有节。

2. 手位适当

握手时，手的位置非常重要，常见的手位有以下两种。

（1）单手式握手

单手式握手是以右手单手与人相握，是最常见的握手方式，适用范围广。握手时，右手伸向对方，手掌略向前下方伸直，拇指与手掌分开，掌心向左，虎口向上，其余四指自然并拢并微向内屈。这种握手方式又称为"平等式握手"，表示尊重、平等。

与人握手时如掌心向上，表示此人过分谦恭、谨慎，这种握手方式叫作"乞讨式握手"。

与人握手时如掌心向下，代表此人感觉甚佳，有着强烈的控制欲，自高自大，这种握手方式叫作"控制式握手"。

（2）双手式握手

双手式握手是在用右手握住对方手的同时，再用左手去加握对方的手背、前臂、上臂，直至肩部。这种握手表达的是一种更为诚挚的感情，加握的部位越高，其热情友好的程度越高。这种方式一般适用于亲朋旧友之间，尤其是久别重逢之时，又称为"手套式握手"。但这种握手方式不适用于初识者和异性之间。

3．态度友善

握手时态度要和善、亲切、自然、大方、热情，面带微笑，精神集中，注视对方的眼睛，同时说"你好，很高兴认识你！"之类的问候语。

4．力度适中

握手时要注意力度适中，太重会将对方的手握疼，太轻则显得不够热情，一般是握住对方的手后，稍用力即可。在与亲朋旧友握手时，力量可稍大些；在与异性以及初次见面者握手时，切不可用力过猛。

5．时间合适

握手的时间不宜太长，也不能太短。凡事过犹不及，握手时间太长会显得过于殷勤，反倒让人觉得虚情假意，甚至有所企图；握手时间太短又像是在走过场，好像很不愿意与对方交好，轻视交往对象。所以，握手时，一般轻握住对方的手摇动两三下，时间最好控制在 3 秒以内。

6．姿态自然

握手时姿态要自然、大方，一般身体略向前倾，表示对交往对象的尊敬和友善，落落大方地伸出手去，与对方相握。握手时不可点头哈腰或者昂首挺胸，这两种姿态都不好，前者让人觉得太过卑贱，后者显得傲慢无礼。

（三）握手的顺序

握手时谁先伸手谁后伸手是有讲究的，不可贸然伸手，应符合礼仪规范。

（1）上下级之间握手，应让上级先伸手。

（2）职位高者与职位低者握手，应让职位高者先伸手。

（3）长辈与晚辈之间，应让长辈先伸手。

（4）男士与女士之间，应让女士先伸手。

（5）主客见面，主人先伸手，表示对客人的欢迎。

（6）主客分别时，客人先伸手，表示对主人的感谢和道别。

（7）已婚女性与未婚女性见面时，已婚女士先伸手。

从以上握手的顺序可以看出，握手时应遵循的礼仪规范是"让尊者先伸手"。换言之，就是将先伸手的权利让给尊者，以体现对尊者的尊重。

有的时候，在一个社交场合，会出现一人与多人握手的情况，这时握手依然按照先尊后卑的顺序进行，即先上级后下级，先职位高者后职位低者，先身份高者后身份低者，先年长者后年幼者，先长辈后晚辈，先女士后男士，先已婚者后未婚者。

一般情况下，在公务场合，握手的先后顺序主要取决于职位、身份，而在社交场合，握手的顺序则主要取决于年龄、性别、婚否。

（四）握手的时机

握手需注意时机，一般在以下情况下可相互握手。

（1）当被介绍与人相识时，应与对方握手致意，表示很愿意结识对方，为相识而高兴。

（2）当朋友久别重逢或多日未见的同学相见时应热情握手，以示问候、关切、高兴。

（3）当对方取得了好成绩、得到奖励或有其他喜事时，可以握手，表示热烈的祝贺。

（4）受奖者在领取奖品时要握手，以示感谢颁奖者对自己的鼓励。

（5）在接受对方馈赠的礼品时，要与之握手表示感谢。

（6）当得到了别人的帮助后，应握手表示感谢。

（7）在拜托别人办某事并准备告辞时，应以握手表示感谢和恳切、企盼之情。

（8）当参加完宴会告辞时，应与主人握手，表示感谢主人的盛情款待。

（9）在拜访友人、同事或上司之后告辞时，应握手表示再见之意。

（10）到医院去看望病人时，应握手表示慰问。

（11）参加友人或同事家属的追悼会，离别时应和主要亲属握手，表示劝慰并节哀之意。

除以上情况以外，握手的时机还有很多，灵活运用这些握手礼的时机，不仅是对交往对象的尊重，也是自身修养的体现。除了主动、热情地向对方伸手握手外，在应该握手的场合如果拒绝或忽视别人伸过来的手，将意味着自己失礼。

（五）握手的注意事项

握手时首先要弄清握手次序，切不可贸然伸手，以免失礼。但也不可拒绝与人握手，面对对方已伸出的手，即使对方不知握手的次序，也都是在表示友好和问候，如果拒绝是失礼的。

不要用左手与人握手，因为左手在很多国家和地区被视为不洁。

不能戴着手套与人握手；社交场合，女士穿着晚礼服、戴着薄纱手套时除外。

男士与女士握手，不宜采用双手式握手方式，这种握手方式又称为"三明治握手式"，也就是双手握住女士的手。这种握手方式有占便宜之嫌。

不能戴着墨镜与人握手，患有眼疾或眼部有缺陷者除外。

握手时不能一面握手一面东张西望。

握手时一般不能坐着，这样显得大大咧咧，不够尊敬交往对象。

握手后不能立即用手帕擦手，这样表示把刚刚建立起来的友谊擦掉了。

握手后不能立即转身背对对方，这样显得没有诚意。

不能用脏手、湿手与人握手，如果手上有污物，可摊开双手表示歉意，洗净后再握。

不要在握手的时候还将另外一只手心不在焉地放在衣袋里，或者另外一只手还拿着香烟、报纸等。

不可在握手的时候把对方的手拉过来、推过去，不可握在手里不放或者握住上下抖个不停。

不要在握住对方的手时点头哈腰、卑躬屈膝，也不可热情过度、喋喋不休，这样反倒让对方不自在、不舒服，甚至反感、厌恶。

在人多的交际场合，不可多人同时交叉握手，尤其是在与基督教信徒交往时，切不可两人握手时与另外两人交叉相握成十字形，这像个十字架，在基督教信徒眼中是很不吉利的。

如果军人和军人见面时握手，可先行军礼再握手。

五、模拟任务训练

（1）夏天，天气很热，光线很强，小陈戴着墨镜正在街上行走，路遇自己的好朋友小王，小陈很高兴，立即趋身向前与小王握手。

要求：

小组讨论：小陈在和小王握手的时候有何不妥之处？应该如何处理？抽 2~3 个小组代表上台试演，全班同学评议。

（2）小张是刚到公司工作的业务员，这天在公司内遇到了公司总经理，小张立即跑过去向总经理问好，并伸出双手去握住总经理的手，但却看见总经理微蹙眉头，面露不悦之色。小张很纳闷，不知自己哪里做错了。

要求：

小组讨论：小张在和领导握手时候有何不妥之处？应该如何处理？抽 2~3 个小组代表上台试演，全班同学评议。

（3）在公司年会上，王强、张波、陈刚、李露云（女）相遇了，他们四人高兴地相互交叉握手，久久不放，热烈交谈。

要求：

小组讨论：4 位年轻人的这种握手方式是否妥当？应该如何握手？学生分别模拟角色表演，全班同学评议。

六、思考题

（1）握手时应该遵守的礼仪顺序是什么？

（2）握手时应注意什么问题？

（3）握手时在仪态上有什么讲究？

项目四　介 绍 礼 仪

一、能力目标

（1）能针对不同场合和情境，恰当地进行自我介绍。

（2）能针对不同场合和情境，恰当地为他人做介绍。

（3）能针对别人的介绍，恰当地做出应答。

二、任务情境

张云和朋友赵波一起去听李教授的一个校内公开讲座，赵波对讲座很感兴趣，想与李教授有进一步的交流。由于李教授曾经给张云所在的班上过课、认识张云，因此赵波想让张云在讲座后把自己介绍给李教授。

如果你是张云，你会怎样介绍两人认识呢？

学习要求：

先请几位同学面向全班进行模拟表演，然后展开全班讨论，看看哪一种做法更好，并说明理由。

三、相关案例

【案例1】

在一次宴会上，有一个喝醉酒的客人指着对面桌子上的一个女人说："那个女人长得太丑了，好恶心。"主人生气地说："那是我的夫人。"客人慌忙掩饰说："不是她，是她旁边的那位。"主人愤怒地说："那是我的女儿。"客人很尴尬，呆若木鸡，再也不知道怎么说了。

【案例2】

有一个大学生在实习期间，实习单位让他到 A 公司去推销按摩产品。他到 A 公司以后，见人就介绍："我是××，××学校毕业，我的特长爱好是×××
×。"又解释自己为什么来这家公司推销等，说了很长一串，东西没有卖出去，还遭人白眼。他非常纳闷，不知道自己什么地方做得不妥。

讨论：

请针对以上两个案例谈谈你的看法，评价一下材料中涉及的社交礼仪行为。

四、知识链接

（一）介绍礼仪的含义

介绍是一切社交活动的开始，是人际交往中使互不认识的人之间消除陌生感，缩短人与人之间的距离，建立必要的了解、信任和联系的一种最基本、最常见的方式。

介绍是交际之桥，通过自己主动沟通或者通过第三者从中沟通，从而使交往双方相互认识，建立联系，加强了解和增进友谊。同时，"第一印象是黄金"，在人际交往中如能正确地利用介绍、给对方留下良好的第一印象，不仅可以扩大自己的交际范围、广交朋友，而且有助于自我展示、自我宣传，如图 2-7 所示。

图 2-7　为他人做介绍

（二）介绍的分类

根据介绍的不同内容，一般分为两类：对人的介绍和对业务的介绍。

根据介绍的不同对象，介绍可以分为两类：自我介绍和为他人做介绍。自我介绍是指向别人说明本人的情况，是推销自我的一种重要方法和手段，是自己给他人留下的第一印象，可以说，自我介绍是社交中的一把金钥匙。为他人做介绍是指由第三方出面为不相识的双方做介绍、说明情况。他人介绍通常是双向的，即将被介绍者双方各自均做一番介绍。

根据介绍的不同意图，介绍可以分为三类：寒暄式介绍、公务式介绍和社交式介绍。

（1）寒暄式介绍

寒暄式介绍又叫应酬式介绍，是指在不得不做介绍，但是又不想与对方深交的情况下所做的简单介绍，一般只报姓名即可。例如，"您好！我叫迈克""你好，我叫李娟"。

注意：各位同学心里一定要明白，如果在以后的工作中，遇到客户给你做此类介绍，没有告知工作单位，没有告知联系电话，这就表明你们之间的交往还有一定的距离，还需要进一步加强交流。

（2）公务式介绍

公务式介绍就是在工作的正式场合做的介绍，这是我们在日常交往和工作中遇到最多的介绍。这种介绍所传递的信息比应酬式介绍要多，一般包括单位、部门、职务和姓名。例如，"你好，我是成都地奥集团人力资源部经理孙民""我叫唐华，是金洪恩广告公司的公关部经理"。

（3）社交式介绍

社交式介绍就是在私人交往中想和别人深交时的介绍，一般介绍姓名、职业、籍贯、爱好等。社交式的自我介绍，也叫交流式自我介绍或沟通式自我介绍，是一种刻意寻求交往对象进行的进一步交流沟通，希望对方认识自己、了解自己、与自己建立联系的自我介绍。这种介绍适用于社交活动中，大体上包括本人的姓名、工作、籍贯、学历、兴趣以及与交往对象的某些熟人的关系等。当然，这些内容在介绍时不一定面面俱到，应该依照具体情况而定。例如，"我的名字叫王光，是亚东公司副总裁。10 年前，我和您先生是大学同学""我叫王海东，现在成都地奥集团工作，我是川大生物工程专业的。听说你也是川大的，我们是校友啊！"

按照被介绍的人数不同，介绍还可分为个人介绍和集体介绍。以上的介绍多为个人介绍。当被介绍双方人数不止一人时，介绍者介绍双方相识，这种介绍称为集体介绍。

（三）介绍的时机

自我介绍和为他人介绍都要掌握好时机，不能一相情愿、贸然行事，否则会影响自己在别人心目中的形象，使介绍产生反效果。

1. 自我介绍的时机

自我介绍应注意寻找以下的时机。

（1）没有其他介绍人在场的时候

如果有介绍人在场却不通过介绍人而直接向对方做自我介绍，会显得唐突和失礼；通过介绍人做中介，可以缩短介绍的时间，增加介绍的可信度，迅速拉近双方的距离。

（2）没有其他闲杂人员在场的时候

其他在场人员过多会分散双方的注意力，双方难以形成良好的交流氛围。

（3）对方并未忙碌，而且看起来有一个较为轻松的心情时

当对方正在休息、用餐、忙于处理事务，或无兴趣、无要求、心情不好时，切勿去打扰，以免尴尬；在对方心情愉快时与他相识，更容易被接纳。

（4）周围的环境比较安静、氛围比较舒适的时候

这时的情境容易使人集中注意力，更易使双方的交流融洽。

（5）比较正式的社交场合

在专门的社交场合，个人的自我介绍就不会显得突兀，而比较容易为人所接受。

（6）对方在与别人谈话出现停顿的时候

如果甲和乙两个人正在交谈，你想加入，而你们彼此又不认识，你就应该选择甲乙谈话出现停顿的时候再去做自我介绍，并说一些"对不起，打扰一下，我是×××""很抱歉，可以打扰一下吗？我是×××""你们好，请允许我自己介绍一下……"之类的话。

2. 为他人做介绍的时机

自我介绍的恰当时机实际上是对方容易与人交流的时机，因此也适用于为他人做介绍。以上罗列的自我介绍的恰当时机均可用于为他人做介绍。

此外，为他人做介绍涉及双方当事人，因此有其特殊性，即应建立在对双方有一定了解的基础上，并在了解或推测双方确有结识的愿望之后，才能为双方做介绍。

（四）介绍的顺序

介绍的顺序问题绝不是一个可有可无的问题，而是涉及个人修养、组织形象以及社交活动效果好坏的问题。

1. 介绍人的安排

（1）自我介绍的顺序

① 自我介绍的基本顺序是：位低者先行，也就是地位低的人先做介绍。

② 如果一方是两人以上，则由此方身份最高者出面做自我介绍，然后再将本方其他人员按一定顺序一一介绍给对方。例如，集体交流时，双方单位最高代表作为介绍人；贵宾访问时，东道主职务最高者作为介绍人；家庭宴客时，女主人为介绍人。

（2）第三方介绍人的安排

第三方介绍人一般应由居间的人担任。

① 一般社交活动。朋友聚会，知情者作为介绍人；社交联谊，发起者作为介绍人。

② 一般业务活动。专业人员作为介绍人，如办公室主任、领导的秘书、前台接待、礼仪先生、公关人员；对口人员作为介绍人，如你和对方做生意，你找的是张经理，张经理就有义务把你向外人做介绍，他就是对口人员。

③ 重大公务场合。文艺汇演，晚会司仪作为介绍人；重要会议，会议主持人作为介绍人。

2. 介绍双方的顺序

在介绍两个人相互认识的时候，总的要求是把被介绍人介绍给你所尊敬的人，即先提谁的名字，谁就是尊者。如"刘小姐，我来给你介绍一下唐先生"；"李校长，这是商业学校的张老师"。其中的"刘小姐""李校长"即为尊者。总之，作为第三方，介绍双方认识时应该遵循"尊者居后"的原则，换言之就是让尊者具有优先知情权。即在为他人做介绍时，把身份、地位较低的一方介绍给身份、地位较高的一方，以表示对尊者的敬重之意。

（1）一般顺序

先把主人介绍给客人，再把客人介绍给主人。

先把晚辈介绍给长辈，再把长辈介绍给晚辈。

先把男士介绍给女士，再把女士介绍给男士。

先把未婚者介绍给已婚者，再把已婚者介绍给未婚者。

先把职位低者介绍给职位高者，再把职位高者介绍给职位低者。

先把非官方人士介绍给官方人士，再把官方人士介绍给非官方人士。

"先温后火"，即把脾气好的一方先介绍给脾气欠佳的一方。

"先亲后疏"，即先把与自己关系密切的一方介绍给自己较为生疏的一方。

（2）集体介绍的顺序

被介绍双方一方为集体、另一方为个人时，一般先将个人介绍给集体一方。

被介绍双方都为集体且地位、身份相似时，应使人数少的一方礼让人数多的一方，先介绍人数少的一方，再介绍人数较多的一方。

被介绍双方都为集体且地位、身份存在明显的差异，而且地位、身份明显高者为人数少的一方时，应先向其介绍人数多的一方，再介绍地位、身份高的一方。

被介绍双方均为相近人数的集体时，应按照先介绍位卑的一方后介绍位尊的一方、先介绍主方后介绍客方的顺序。介绍一方人员时，则应先尊后卑、先长后幼、先女后男或者按照座次顺序依次进行。

被介绍者不止两方，而是多方时，应根据合乎礼仪的顺序，确定各方的尊卑，由尊而卑按顺序介绍各方。如果需要介绍各方的成员时，也应按由尊到卑的顺序，依次介绍。

（五）介绍的内容

双方交往的意图不同，介绍的内容也就有不同。一般来说，可以介绍以下几方面内容。

1. 身份和姓名

介绍时，一般应简略地介绍一下被介绍者的姓名、身份，身份包括工作单位、部门和职位。例如，

"您好，我叫江源。"

"这位是红福礼仪公司经理王先生。"

"我叫李纪龙，是世通公司的销售经理。"

"这位是我的弟弟张云。"

有时被介绍的人职务很多，不必一一都介绍出来，可以只介绍最高职务或者只介绍与之有关的职务。如在一个软件交流洽谈会上，你为大家介绍一位计算机专家，可以这样介绍："请允许我为大家介绍一下，这位是中诚软件公司的董事长马天云先生，计算机领域的专家，博士后。"本来马天云先生还有很多头衔，但在这里只需介绍董事长和博士后这两个头衔。

有时也可对自己姓名的写法做些解释，如"我叫陈阳，耳东陈，太阳的阳"。

有时应注意缩略语的使用，避免歧义，如"人大"既可指"中国人民大学"，又可指"人民代表大会"；"南航"既可指"南京航空航天大学"，又可指"南方航空公司"。

2．事由

有时如果与人相识是事先约定的，则应在介绍中说清事由。如接机时可以说："您好，您是张叔叔吧！我就是电话里跟您联系过的李燕，我爸爸让我来接您。"

如果事先就是要安排双方结识并合作办某件事的，则可以说："这位是从北京来的天成公司的李经理，想就上次计划的业务合作的具体细节跟您谈谈。"

3．谦辞

若在讲座、报告、庆典、仪式等正规隆重的场合向出席人员介绍自己时，介绍内容中还应加一些适当的谦辞和敬语，如"各位来宾，大家好！我叫李旭，是南阳大学的教师，今天向大家交流自己在社交礼仪领域研究上的一些心得，有不当的地方请大家多批评指正。"

4．沟通点

在一些社交场合中，希望对方了解自己、认识自己、与自己建立联系时，介绍者如果能在介绍内容中适当加入一些能够与对方迅速沟通的信息，会起到事半功倍的效果。这样不仅能迅速地与对方沟通，或许还能让对方记住自己。这样的介绍内容除了姓名、单位、职务外，还可提及与对方某些熟人的关系或与对方相同的兴趣爱好，如"我叫顾馨，是云游旅行社的部门经理，我与您爱人是同学""我叫韩松，在法院工作，我和您一样也是个球迷"。

在确定自我介绍的具体内容时，要兼顾实际需要、所处场景，要具有鲜明的针对性，不要"千人一面"。有时可以把自己的姓名同名人的姓氏或是常用名词相结合，以加强别人的记忆。例如，姓名是"杜维"的，就可以介绍为："杜甫"的"杜"，"王维"的"维"。当然还要注意的是，在做这种介绍之前，还应该对所交往的对象做一定的了解，然后再有针对性地做自我介绍，否则就有可能"哪壶不开提哪壶"了。注意，不要为了表示与交往对象熟悉而说话不注意分寸，尤其不要牵涉到交往对象的私生活和个人禁忌。例如，一见面就问候人家"老兄，跟你女朋友吹了没有呀"，或是"现在还每天吃药吗"，都会令对方反感。

（六）介绍的礼仪要求

1. 介绍人的礼仪要求

（1）征询双方的意见

介绍人在为别人做介绍之前要先征求一下被介绍双方的意见，以免为原本相识或关系恶劣者做介绍。原本相识者再去做介绍就是多此一举，关系恶劣者去做介绍就会令被介绍的双方很尴尬。在开始介绍前先打一下招呼，不要上去就开口讲，否则会让被介绍者措手不及。

（2）称谓准确

介绍时介绍人对被介绍人的称谓要具体、清楚，即不仅要介绍被介绍者与自己的关系，而且要介绍被介绍人的姓名、职务、职称、供职单位等，以让对方知道和选择合适的称谓。如某人为自己的朋友介绍："小王，这是我表舅。"这样介绍后，对方可能还是不知道如何称呼。

（3）态度友好

不论是自我介绍还是为他人做介绍，都应该态度友好、真诚、自然、亲切，语速要不快不慢，目光正视对方，善于用眼神表达自己的友善，表达自己关心及沟通的渴望。开口介绍前，要有眼神交流，这样不至于给人十分唐突的感觉。要选择适当的气氛，彬彬有礼。

介绍时应准确、稍慢、清楚地将被介绍者的名字念出，如出现口误应迅速纠正。介绍时绝不能用命令口气，如"小王，你过来"。

做介绍时，介绍人应起立，行至被介绍人双方之间。在介绍一方时，应微笑着用自己的视线把另一方的注意力引导过来。手的正确姿态应是手指并拢，掌心向上，胳膊略向外伸，指向被介绍者。注意绝对不要用手指去对被介绍者指指点点。

（4）实事求是

做介绍时，既不要自吹自擂、夸夸其谈，也不要自我贬低、过度谦虚；恰如其分才会给人留下诚恳、可信任的印象。

（5）一视同仁

为他人做介绍时，要避免给任何一方厚此薄彼的感觉。不可以对一方介绍得面面俱到，而对另一方介绍得简略至极。对多个人做介绍时，不可以称呼一方为"我的朋友"、称呼另一方为"我的好朋友"，或者对一方称"这是××"、对另外一方称"这是我的好朋友××",因为这似乎暗示另外一个人不是你的朋友,所以显得既不友善,也不礼貌。

（6）察言观色

介绍的内容、时间可根据对方的兴趣程度、是否投入等灵活把握。如见到久未联系的朋友,应立即主动热情地上前与之握手,如果观察到朋友脸上有疑惑的表情,应立即报上自己的姓名,以防对方因想不起来而感到尴尬。

2．被介绍人的礼仪要求

在得知对方的姓名之后,不妨口头加重语气重复一次,因为每个人都最乐意听到别人叫自己的名字;被他人介绍时,如果对方把你名字记错了应十分友善地纠正,也可想一些有趣的办法帮助别人记住你的名字;如果听不清他人介绍,可请其再说一遍,不要觉得不好意思,别人会因为你很在意知道他的名字而感到愉快。

介绍时,除贵宾、妇女和年长者外,一般应起立,但在宴会桌上、会谈桌上可不必起立,被介绍者只要微笑点头、有所表示即可。

当你被介绍给他人之后,应当跟对方寒暄。若只向他点点头或是只握一下手,通常会被理解为不想与之深谈,不愿与之结交。

当介绍者询问是不是有意认识某人时,不要拒绝或扭扭捏捏,而应欣然表示接受。实在不愿意时,要委婉说明原因。

当介绍者走上前来开始为你介绍时,被介绍者双方都应该起身站立,面带微笑,大大方方地目视介绍者或对方。

当介绍者介绍完毕后,被介绍者双方应依照合乎礼仪的顺序进行握手,彼此问候一下对方,也可以互递名片,作为联络方式。

不论是给别人做介绍还是自我介绍,被介绍双方态度都应谦和、友好、不卑不亢,切忌傲慢无礼或畏畏缩缩。

当别人介绍自己时,要从座位上起立,表示出很愿意认识对方的样子,主动把手伸过去与对方握手,说一声"你好";如果对方是位女士,则应等对方伸出手来再去握手,如她不伸手,可以点头致意。

给双方做介绍之后,不可马上走开,要等他们谈上几句话后再告别,不然双方可能交谈不起来;但也不要该走时不走,如果双方谈得很融洽、希望长谈,介绍人应当适时地找个借口离开。

不要对尊敬的人过于殷勤，如"久仰久仰""久闻大名，如雷贯耳，今日得见，幸甚幸甚"之类的客套话，最好还是免了，否则显得矫揉造作，缺少诚意。如果确实很高兴认识对方，可以说"很高兴认识你"。说话时切记要注意自己的语气和腔调，它们往往比话语本身更能表明态度。

（七）介绍的注意事项

介绍时一定要弄清彼此的关系，不可张冠李戴，不可出错；还要明确介绍的目的，是为了通过引荐让彼此认识，还是为了加强以后的联系，或是出于其他的目的，不可介绍之后还是让人一头雾水。

介绍时要注意言辞有礼，遵循平等的原则，切不可使用命令式的口气，如"小王，过来见见张总经理"，这种语气有强加于人的意味。

介绍时可适当风趣，但不可太过分，如果别人正在学习钢琴，在介绍时可风趣地介绍这一业余爱好，而不可这样介绍："这是一位著名的钢琴家。"因为被介绍者的钢琴弹奏还仅仅在起步阶段，你这一信口开河、夸大其词的介绍会使他十分尴尬，会以为你在讽刺他，如果有人请他弹奏一曲，那就更使他难堪了。

介绍时应避免使用推销式的介绍，不可这样介绍："这位是王德贵先生，巨能有限公司的董事长，家产达 3 亿元。"这种介绍有借朋友的身份来抬高自己的嫌疑，既有失身份又有失礼仪。

介绍时还应避免嬉皮笑脸、仪态不端，那样会让人感觉非常不尊重交往对象。在为他人做介绍时，应该注意使用正确的手势语言。正确的姿态应是手指并拢，掌心向上，胳膊略向外伸、指向被介绍者，绝对不要用手指去对被介绍者指指点点。

介绍时还要注意时间和内容的调整。一般来说，介绍的时间不宜太长，最好控制在一分钟或者半分钟左右。所以，如何在有效的时间内有效地进行介绍，在介绍内容的选择上是应有所考虑的。

介绍的内容可以根据不同的场合和情境加以调整。之前提到的寒暄式介绍、公务式介绍和社交式介绍的内容就有增减。例如，寒暄式介绍的内容高度精简，往往仅介绍姓名；公务式介绍的内容要做到全面、规范、统一，单位、部门、职务和姓名必不可少；社交式介绍的内容相对灵活，个人的基本情况、籍贯、爱好、工作和生活经历等均可介绍。

介绍时，如果有名片的应该先递名片再做介绍，其原因如下。

第一，可以少说很多废话。如头衔、职务等就没必要再说，名片能言人言所未言。

第二，加深印象。口说无凭，通过名片就一目了然，给人真实可信的感觉。

第三，表示谦恭。做自我介绍的时候，地位低的一方先介绍；同样，交换名片的时候，也是地位低的一方先递。公关人员先递名片，也是对对方的一种尊重。

五、模拟任务训练

（1）天成公司董事长、经理和经理助理一行三人应邀到金石公司参加一个活动，在金石公司大门口等待的是公司董事长、经理和礼宾工作人员。双方见面时，应分别由谁来介绍？介绍的顺序应是怎样的？

要求：

小组讨论：抽2~3个小组代表上台试演，全班讨论确定最佳方案，分组上台试演。

（2）小王作为接待组成员，要陪同领导与贵宾团见面。由于与该团团长熟识，因此在见面的时候，小王先为团长热情地介绍了身边的领导。小王自认为自己的接待工作做得很好，殊不知，他的行为却引起了领导的不满。

要求：

小组讨论：小王的行为有何不妥？正确的介绍方式应是怎样的？请2~3名同学模拟示范表演，其他同学评议。

（3）分析下列为他人做介绍的事例。

① 某人介绍他人时说："这位是×××公司的人力资源部经理，他可是实权派，路子宽、朋友多，需要帮忙可以找他。"

② 约翰·梅森·布朗是一位作家兼演说家，一次，他应邀去参加一个会议并进行演讲。演讲开始前，会议主持人将布朗先生介绍给观众，下面是主持人的介绍语："女士们、先生们，请注意了，今天晚上我给你们带来了不好的消息。我们本想要求伊塞卡·马克森来给你们讲话，但他病了、来不了（下面有嘘声）。后来我们要求参议员布莱德里奇前来，可他太忙了（嘘声）。再后来，我们试图请堪萨斯城的罗伊·格罗根博士，也没有成功（嘘声）。最后我们请到了——约翰·梅森·布朗。"

③ 某人介绍他人时说："我给各位介绍一下：这小子是我的铁哥们儿，开小

车的，我们管他叫'黑蛋'。"

　　要求：

　　小组讨论：以上介绍存在什么问题？应该如何介绍？

六、思考题

　　（1）介绍时忘记了对方的姓名怎么办？

　　（2）设想三种不同的社交情境，并分别设计你做自我介绍的第一句话。

　　（3）如果一位男士在社交场合遇到一位他不太熟悉的女性晚辈，这位女性刚进入他所在的公司工作。他们之间想进行交谈，谁应该先做自我介绍？

项目五　电　话　礼　仪

一、能力目标

（1）能礼貌、规范地接打电话。

（2）能正确、规范地使用手机。

二、任务情境

9 月 15 日上午，华凤公司的小王秘书接到领导指示，要她马上电话处理以下几件事情。

（1）通知销售公司所有品牌经理于 16 日上午 9 点半到公司会议室开会。

（2）通知 A 客户于当日下午 4 点在王总办公室谈合同价格。

（3）取消下周四公司将召集的中层干部会议。

学习要求：

以小组为单位，根据提供的情境，由同学自行设计情节对白并模拟表演，然后全班展开讨论，讨论该如何正确地接打电话。

三、相关案例

【案例 1】

顾客李小姐新买的某品牌的手机出现了故障，可她忘记了该手机维修点的电话，于是只得拨打了销售电话。公司一位小姐接了电话后是这么说的："怎么打到这里了？这里是销售不管服务！"李小姐稍做解释后，那位小姐不耐烦地说："你等着，我帮你看一下维修点的电话。"谁知李小姐这一等就是好几分钟，期间断断续续地从电话那头传来接电话小姐与同事聊天的声音，但是就是没有人再来回应李小姐。试想李小姐对这个品牌的手机还会有好的印象与评价吗？

【案例 2】

朱先生到医院探访病人，公司的同事来电话，铃声使邻床一位正闭目养神的病人睁开了眼。朱先生接起电话就开始谈工作。尽管通话时间不长，但那位被吵着了的病人一直脸色不悦。

讨论：请针对以上两个案例谈谈你的看法，评价一下材料中涉及的社交礼仪行为。

四、知识链接

（一）电话基本礼仪

1．表情：面带微笑

拿起电话时应该面带微笑。也许你会问："对方又看不到，干吗要注意表情？"但是，你可知道，笑是可以通过声音来感觉到的，你的微笑、你喜悦的心情会通过微笑传递给对方、感染对方。因此，你要像对方就在你面前一样，带着微笑接听电话。

2．姿态：保持端正

通话过程中应该保持端正的姿势，身体挺直，不要东倒西歪，弓着背、弯着腰。这样的话，对方听到你的声音就是懒散的、无精打采的。因此，打电话时，要尽可能注意自己的姿势。

3．声音：清晰柔和

在某种意义上，声音是人的第二外貌，电话是一种"不曾谋面"的交谈。所以，你在通话时，声音应当清晰悦耳、温和有礼，吐字准确，语速适中，语气亲切、自然。讲话的声音不要太大，让对方听清楚就可以了。也不要矫揉造作、装腔作势，让人浑身起鸡皮疙瘩。

4．中途：避免做其他事

打电话时中途离开或者同时做其他的事情，如与其他人说话、吃东西、看书报、听音乐等，都是极不礼貌的行为。如果通话时你确实有非常紧急的事情需要处理，应该向对方道歉，并说明原因，并以最快的速度完成，不要让对方久等。如果需要的时间比较长，你应该先向对方道歉，然后另约时间再打过去，但这种情况最好不要发生。

（二）打电话的礼仪

1．选择适宜的通话时间

（1）若是公务电话，应尽量在对方上班半小时以后或下班半小时之前通电话。公务电话千万不要打到对方家里去，否则会占用他人的休息时间。打电话还要尽量避开对方的公务繁忙时间、通话高峰时间或心情不愉快的时候等。最好选择对方专心致志、心平气和的时间打电话，这样效果才会比较好，打电话的目的才能达到。

（2）亲友间的电话，就餐的时间不宜打，休息时间也不宜打。除非万不得已，晚上 10 点之后、早上 7 点之前、午休时间不要给别人打电话。

（3）节假日不是重要事情不要打公务电话。尽量不要占用对方的节假日，给对方一个休息的时间与空间。

（4）拨打国际电话还要注意时差的问题，以免打扰别人。

2．注意通话空间的选择

任何一个懂得礼仪的人是不会在公众场所打电话的，如果确有需求，应该尽量找一个无人的地方，而且尽量压低声音，不能影响他人。

3．注意通话的长度

通话时间宜短不宜长，电话礼仪有一个"三分钟原则"，就是通话的时间要尽量控制在三分钟之内。当然，如果有重要的事情要商谈，那就另当别论了。

4．事先做好准备工作

通话之前应当核对对方的电话号码、公司或单位的名称及接电话人的姓名；写出通话要点及询问要点，准备好纸和笔以及必要的资料和文件。

5．注意语言礼节

打电话要坚持用"您好"开头、"请"字在中、"谢谢"收尾，态度温文尔雅。在通话过程中，若电话因故障而中断，应由打电话者再打回去，拨通后须稍做解释，以免对方误解。一旦自己拨错电话，要向对方表示歉意，切勿直接挂断电话而不做任何解释。

6．终止电话

电话结束应由谁先挂断电话呢？标准化做法是：身份地位高者、年长者先挂断，不宜"越位"抢先。如果双方年龄、地位相当，按礼仪标准应由拨打电话一方挂断电话，不可只顾自己讲完就挂断电话。

（三）接电话的礼仪

1．迅速、礼貌地接听电话

电话铃响后，首先应做到迅速接听，力争在铃响三次之前拿起话筒。

2．认真倾听并做出相应回答

接电话的时候，一定要专心致志、认真倾听，不要随便打断对方讲话。要搞清楚对方来电的目的，并尽可能迅速地做出相应的回答。

3．复述来电的重要内容

通话完毕之前，对对方所讲的重要内容可作必要的重复，比方对通话中提及的时间、地点、电话等重要内容重新核实一下，防止自己记录或理解出现差错。

4．认真做好电话记录

接听公务电话时，一定要有电话记录的习惯。在商务礼仪中应认真做好电话记录，时间、地点、何事、如何处理等要点。

5．规范地代接电话

假如对方要找的不是自己，而是自己同事的电话，如果同事在身边，应请对方稍等，然后热忱、迅速地帮对方找同事来接电话。如果同事不在，不能只说一声"他不在"，"啪"就把电话挂了。如果对方愿意，可代为转达电话内容，也要认真准确地做好记录。重要留言还应该再复述一次，以免有误。代接代转电话时，要注意及时传达、尊重隐私。不要充当"包打听"。永远不要对打来的电话说：我不知道！

6．真诚地致谢

最后的道谢也是基本的礼仪。电话交谈完时，应尽量让对方结束通话，向他们道谢和祝福，等对方放下话筒后，再轻轻地放下电话，以示尊重。

（四）使用手机的礼仪

在个人电话礼仪规范中，手机的使用是很重要的组成部分。人们在使用手机时，应该自觉遵循礼仪规范，不要破坏公共秩序。

（1）在严肃的、安静的、特定的场合，应关掉手机或调至静音。

（2）注意安全使用手机。

（3）在人员较多的场合使用手机，应侧背过身去通话，或找一个僻静的场所通话。切勿当众大声讲电话。

（4）礼貌收发短信。首先，收发短信应注意时间；其次，发短信应斟酌内容，确保内容文明健康；最后，收到短信后，应及时回复。

（5）文明携带手机。手机可以放在随身携带的公文包里，也可以放在上衣口袋里（夏天时，如果仅穿一件单薄的衣服，则不适宜将手机放在衣服口袋里，否则会影响衣服的外观效果）。手机不使用的时候，不要拿在手上或挂在脖子上。

五、模拟任务训练

（1）张刚是顺达公司的销售员，刘梅是宏立公司的公关部经理。张刚有事需打电话给刘梅。请学生分别扮演此二人。

要求：

表演打、接电话双方的开场对话。抽2～3个小组代表上台试演，以加深对接打电话礼仪的理解。

（2）如果有个电话是你负责接听的，对方所找之人是你的同事，而你的同事恰好不在，对方只好请你代为转告。

要求：

要求学生模拟代接电话之人，并简要地设计一下电话记录。

（3）王经理正在与一名客户进行电话交谈，这时另一名重要客户来到办公室拜访。如果你是王经理，正确的做法应该是什么？

要求：

老师先提示知识要点，然后要求学生进行模拟表演以加深印象。

六、思考题

（1）安静的自习室突然响起了一阵手机铃声，这引起大家的侧目。请问我们在公共场合使用手机时应遵循哪些礼仪规范？

（2）如果发现自己拨错电话了，应该怎么解决？请简单地谈谈你的做法。

项目六　求 职 礼 仪

一、能力目标

（1）能够做好求职面试的准备工作。

（2）能够撰写求职信与简历。

（3）掌握面试礼仪，给人留下良好的印象。

二、任务情境

吴涛今年大学毕业，向几家公司投了简历，其中一家公司通知他参加面试。吴涛非常重视这次面试机会，但是他没有面试的经验，非常着急，却不知道应该从哪些方面就此次面试进行准备。请各位同学帮助他一下。

学习要求：

老师提示后，在班上组织讨论，请同学们说说具体的做法，并说出理由。

三、相关案例

【案例 1】

凯恩集团正在招聘职员，小林马上就要毕业了，对进入凯恩集团信心百倍，因为她专业对口，而且其他条件也非常符合招聘要求。

【案例 2】

一家公司要招聘一名办公人员，有 50 多人前来应聘。公司经理在众多的应聘者中选中了一名普通的年轻人。

其助手说："怎么选了他呀，他没有任何工作经验呀？"公司经理回答："他一定能胜任这个工作。首先，他在进门之前妥善地收放好了自己的雨具，进门后随手关上了门，说明他做事很仔细。其次，在等候的时候，他不像其他应聘者那样在外喋喋不休地谈论，当一名老年人向他咨询时，他礼貌而耐心地为老人解答。再次，进了办公室其他应聘者都没有注意到我故意倒放在门边的拖布，只有他俯身捡起并把它放在了墙角。最后，他衣着整洁，回答问题简明干脆。这些都足以证明他能够胜任这份工作。"

讨论：请针对以上两个案例谈谈你的看法，并试着总结一下面试时应注意的礼仪要求。

四、知识链接

（一）写好求职信

1. 求职信的结构

求职信一般由开头、正文、结尾三部分组成，字数不宜过多，一般 1000 字左右为宜。

（1）开头部分

开头部分主要说明求职者得知信息的渠道、写信的缘由，表达求职愿望。

（2）正文部分

正文部分是求职信的重点，要简洁而有针对性地概述自己的履历，着重说明与所应聘职位相符合的专业特长、兴趣爱好与职业能力，说明能胜任此项工作的原因，从而达到吸引对方、打动对方的目的。

一般来说，求职信的正文部分应包括以下内容。

① 个人的基本情况。包括姓名、性别、年龄、毕业院校及专业。

② 申请的工作岗位。

③ 提出自己对谋求该职的心愿及对未来的设想。

（3）结尾部分

结尾部分包括结语、祝颂语、签名与日期。

2. 求职信的表达技巧

（1）求职目标明确，要写明请求担任的工作，以及为什么请求担任此工作。

（2）言简意赅，篇幅适度。一般以 1000 字左右为宜。

（3）实事求是，以"诚"取信。

（4）凸显个性，不落俗套。

3. 求职信的礼仪要求

（1）称谓要得体。称谓一般用单位的名称或单位负责人的姓名、职务；称对方单位和部门时则要加上"贵"字以示尊重。

（2）问候要热情，祝愿要诚恳。

（3）如果是手写稿，一定要书写工整、干净，切勿有涂改的痕迹。

（4）要有亲笔签名。

（二）填写简历表

1. 简历表的内容

简历表的内容包括以下几方面。

（1）个人基本信息。

（2）学历。

（3）工作经历或勤工助学经历。

（4）特长、兴趣爱好与性格。

（5）社会工作经验。

2. 简历表的编写技巧

简历表在编写时应注意以下几方面。

（1）站在对方的立场考虑问题。

（2）抓住重点，突出主题。

（3）贴上自己的照片。

（4）每份简历后面都要附上身份证、毕业证等相关证件的复印件，所有这些资料都要统一使用白色 A4 复印纸，以突出你严谨的职场特征。

3. 面试前的准备

面试前的准备工作一般包括以下几方面。

（1）对用人单位及职位进行了解与研究。

（2）对可能遇到的问题进行准备。

（3）对你将要提出的问题进行准备。

（4）资料准备。

① 个人简历、求职信、推荐书等。

② 学习成绩单。

③ 荣誉证书。

④ 成果证明材料。

⑤ 证明自己具备某方面能力的资质材料。

4. 面试的礼仪与技巧

面试的礼仪与技巧包括以下几方面。

（1）面试的仪表与服饰礼仪

① 衣着整洁、仪态大方。

② 佩戴饰物要少而精。

（2）面试的仪容礼仪

头发要整齐、干净、有光泽，能够显示出你的整个面庞，不要遮遮掩掩。不要把头发搞得过于随便、新潮；男士在面试当天还应该把胡须刮干净。头发和衣服上不可沾有头皮屑。女生可以化一点淡妆，但是面颊化妆切忌浓妆艳抹，给人一种不真实的感觉。指甲要修剪平整、干净。总之，发型、化妆应简单明快，切忌矫揉造作。

身体有异味应清除。面试前务必把身上的异味清除掉。不要吃洋葱和大蒜等有刺激性气味的食物，更不要喝酒。饭后漱口，最好刷刷牙。还可以在身上适度地喷些香水，香水的味道应选择清淡型，切忌太浓烈。

（3）面试的仪态礼仪

① 坐姿的要求。坐相要给对方端正、大方、自然、稳重的感觉。入座时要轻而稳，具体坐法是：走到座位前，背向椅子，使腿靠近椅子，上体正直，轻缓坐下。女士若着裙装，落座时用手理一下裙边，把裙子稍稍拢一下，不要坐下后再站起来整理衣服。坐下后，双腿并齐，挺胸直腰略收腹，手放在膝上或椅子扶手上，掌心向下，双膝并拢略侧向一方。坐在椅子上，微微欠身，表示谦虚有礼。为了保证坐姿的正确和优美，注意以下禁忌：一是落座后，两腿不要分得太开；二是当并腿而坐时，脚尖要向下，切忌脚尖向上，上下抖动；三是谈话时勿将上身向前倾，并以手撑下巴；四是落座后不要左右晃动，扭来扭去，给人以紧张的感觉；五是入座要轻要稳，不要猛起猛坐，弄得椅子乱响；六是背部要挺直，不要弯腰含胸、东倒西歪地瘫坐在椅子上。

② 站姿的要求。一般要求端正挺拔。

③ 走姿的要求。要求轻而稳，胸要挺，头抬起，两眼平视，步频和步幅要适度、符合标准。

④ 手势的要求。应避免一些令人反感、严重影响面试结果的手势，如当众搔头皮、抠鼻孔、剔牙、揉卷衣角等。

⑤ 表情的运用。表情的运用应注意微笑和加强与面试官的眼神交流。

86

5．面试的谈话礼仪

首先，谈话时要注意自己的语言、语调、语气和语速。其次，谈话时一定要使用礼貌用语，遣词造句要谦虚、委婉。最后，在交谈中不要随意打断对方的讲话，要集中注意力认真倾听对方的讲话。

6．注意细节，显示良好教养

第一，准时到达面试地点；第二，礼貌通报；第三，使用正确称呼。

五、模拟任务训练

（1）将学生分成若干小组，每一个小组中的同学分别模拟一家公司中的主面试官、面试官、经理等职务，其他同学模拟应聘者来公司面试。每个小组轮流上台试演，全班讨论确定最佳表现小组，老师进行总结归纳。

（2）老师在班上模拟招聘单位在面试时提出的问题，让学生起来回答；老师评价、归纳。问题如下。

① 你能和别人很好地相处吗？

② 你在学校最喜欢的一门课程是什么？为什么？

③ 如果这次面试你失败了，你会怎么办？

（3）教师给出某公司的招聘广告，要求每位学生根据招聘广告撰写求职信与简历。

六、思考题

（1）求职面试前应做好哪些准备？

（2）请谈谈求职信应包含哪些内容及求职信的礼仪要求。

第三篇 实用口才

项目一 口才训练的基本技巧

一、沟通效果的"三要素"

（一）沟通效果"三要素"的内容

沟通效果的"三要素"是指：沟通时的文字内容；沟通时的声调；沟通过程中的身体语言，包括眼神、手、脚、躯干等部位任何细微的动作。

如果沟通的"三要素"加起来是100%的话，你认为每部分各占多少？

讨论：请分组讨论"三要素"的比例：文字内容_____%，声调：_____%，身体语言：_____%。

（二）试一试：沟通效果"三要素"实验

★ 形式：每个实验请两位学员上台示范

★ 时间：共20分钟

★ 场地：教室

★ 材料：无

★ 目的：（1）学习观察细小变化对沟通效果的影响；（2）掌握沟通效果的"三要素"。

【实验1】

要求：说话内容不变，声调发生变化。实验用语如"早上好"或"我爱你"。

第一次：声调与文字内容相配合。

（你能感受得到对方是真心地在向你问好或真心地说"我爱你！"）

第二次：声调与文字内容完全不相配合。

（你完全感受不到对方是真心地在向你问好或真心地在说"我爱你！"）

> 结论：声调对沟通效果的影响比文字更大。

【实验2】

要求：文字内容与声调不变，身体语言发生变化。实验用语如"早上好"或"我爱你"。

第一次：身体语言与文字内容、声调相配合。

（你能感受得到对方是真心地在向你问好或真心地说"我爱你！"）

第二次：身体语言与文字内容、声调完全不相配合。

（你完全感受不到对方是真心地在向你问好或真心地在说"我爱你！"）

> 结论：身体语言对沟通效果的影响比文字、声调更大。

（三）讲一讲：沟通效果"三要素"的来源

1956年，美国心理学家佐治·米拉经过研究后发现：沟通的效果来自文字的部分只占7%，来自声调的部分占38%，而来自身体语言的部分却占55%。

（四）想一想

（1）沟通效果取决于发送者还是接收者？为什么？

（2）只有改变说的方法才会改变听的效果，这种说法对吗？

（3）平时你在与他人沟通时，有没有注意使用身体语言？

二、快速理念的技巧

（一）讲一讲：快速理念的技巧

1. 快速理念技巧的作用

在生活中我们常常需要用到快速理念的技巧，如日常沟通时的提问与回答、面试时的应答等。下面我们介绍一种快速理念的技巧，又称为"三三法"。

"三三法"用在答疑、写文章、策划、演讲等方面都非常有效，尤其在只有极短时间准备的情况下非常适用。

2. "三三法"的基本法则

"三三法"的基本法则是把你要阐述的问题从三方面，即三个大点来讲，每个大点又从三个小点来阐述，以此类推。是不是只能从三个方面来谈？从两个或四个方面来谈行不行？当然行。只是方面太少了，你讨论问题的面就太窄了；而方面太多了，讲的时候你自己有时也可能会分不清楚，会显得有点乱。因此，阐述的角度以三个为佳，这样便于归纳，条理也比较清晰。

3. "三三法"的分类

简单地说，"三三法"就是把内容理顺、理清，将内容分为三个大点，每个大点下面又分三个小点。常见的分类方式有如下几种。

- 按时间分三阶段：过去——现在——未来，或者初期——中期——后期。
- 按位置分三阶段：家里——学校——社会，或者广州——广东——全国。
- 按方法分三阶段：文字——电话——面谈，或者策划——执行——检讨。
- 按原因分三阶段：实用——美观——价钱，或者内因——外因——内外因结合。
- 按立场分三阶段：甲方——乙方——中间方，或者自己——对方——第三者。
- 按事情分三阶段：生理——心理——精神，或者产品——服务——态度。

（二）快速理念技巧的应用

图 3-1 所示为"三三法"模式图的样式。

【例 1】 用"三三法"模式列出题为"对我教育影响最深的人和事"的大纲，如图 3-2 所示。

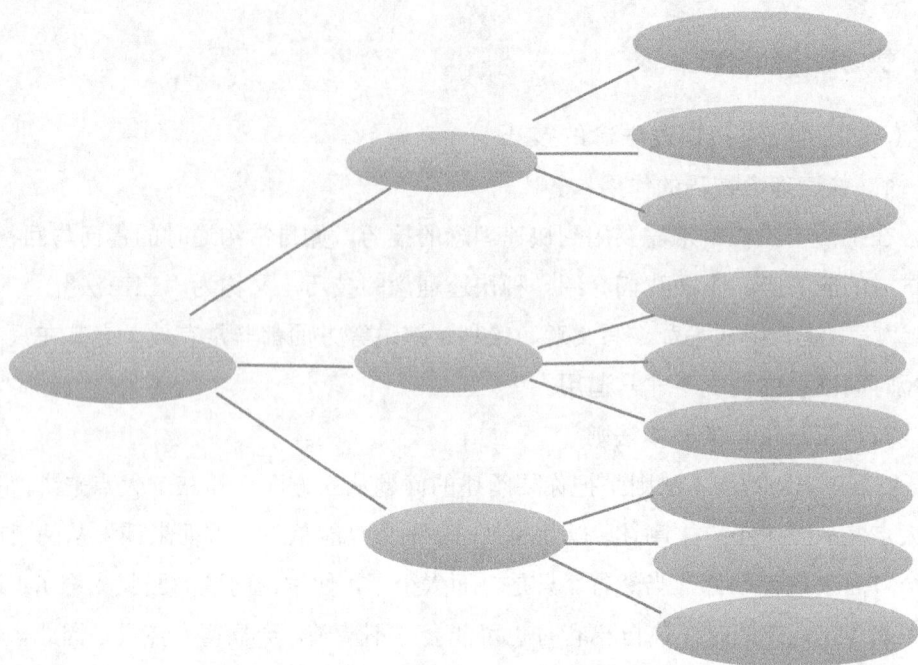

图 3-1 "三三法"模式图

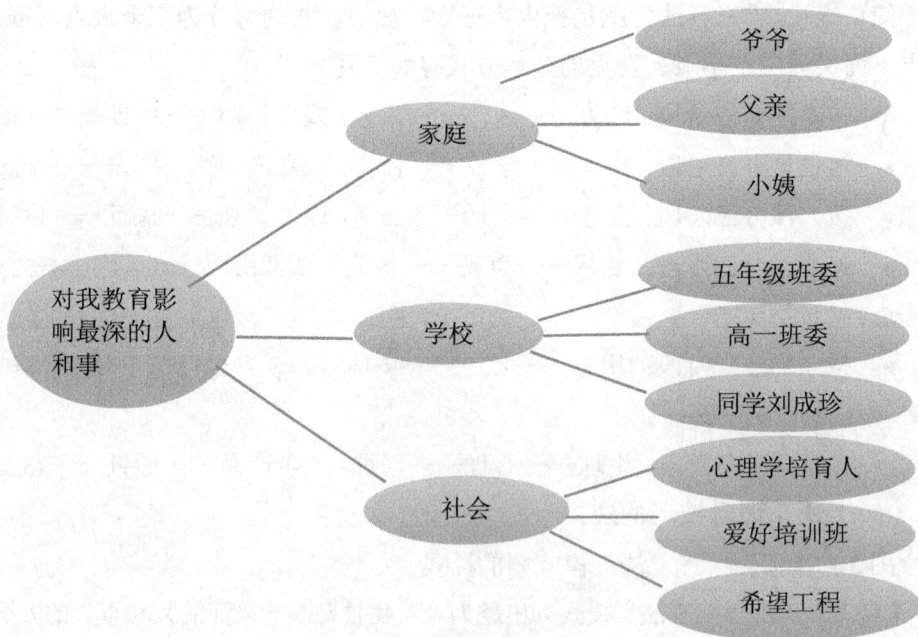

图 3-2 "三三法"模式图应用（一）

【例 2】 用"三三法"模式的另一种形式，再次列出题为"对我教育影响最深的人和事"的大纲，如图 3-3 所示。

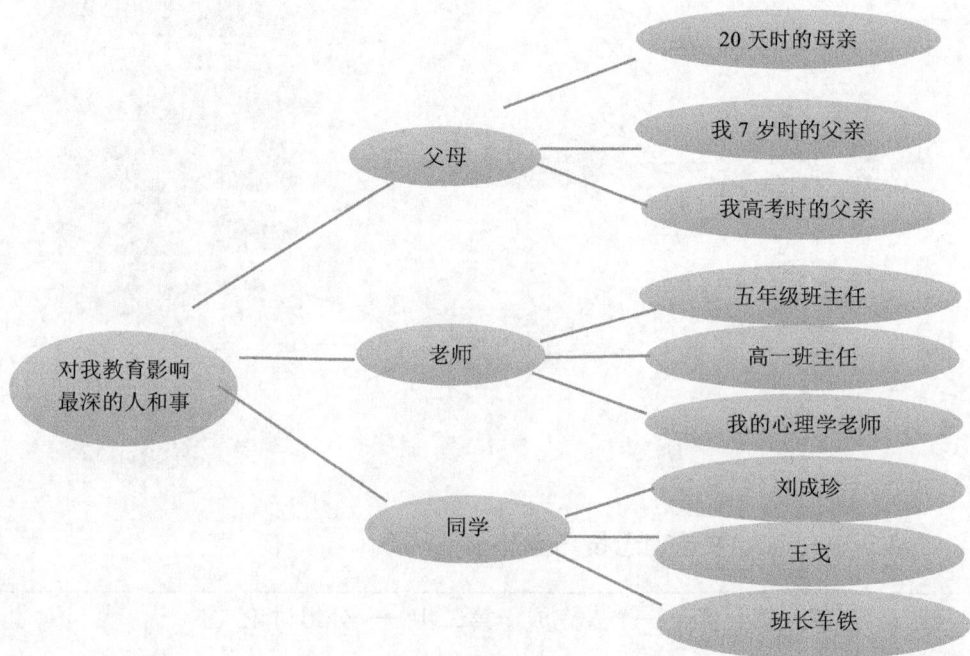

图 3-3 "三三法"模式图应用（二）

可见同一话题完全可以有不同的分类方式，当然此话题还可以有很多其他形式的分类方法，此处的两个范例希望能起到抛砖引玉的作用。

讨论：请分组讨论并列出"对我教育影响最深的人和事"为题的另外两种"三三法"大纲（要求不同于以上两种形式）。

（三）想一想

请按以下的模式要求完成填空。

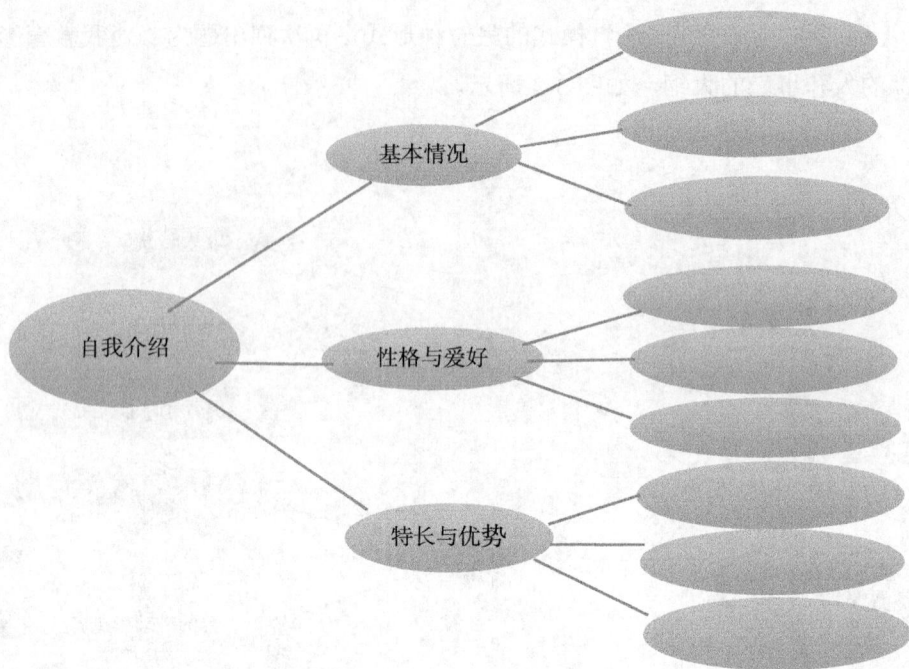

（四）试一试：快速理念技巧实验

★ 形式：第一步——个人完成，第二步——分组讨论

★ 时间：1 小时

★ 场地：教室

★ 材料：纸、笔

★ 目的：（1）同时为写、说内容的条理化提供方法；（2）熟练掌握快速理念的方法；（3）为交流、尝试、答疑打下基础。

要求：第一步——每人用"三三法"模式，列出下列题目的大纲。

（1）我的择业观。

（2）我的优势。

（3）我的理想。

（4）我吃过最大的苦。

（5）我最感谢的人。

第二步——分组分享每人列的大纲。

三、声调的运用技巧

（一）发音训练

许多著名演说家都十分重视发音的训练。

雅典的德摩西尼为纠正口吃，把小石头含在口里练习，经过 12 年艰苦磨炼，终于成为一名优秀演说家；陈毅留学法国时，为锻炼好舌音，常口含茶水练习，借助发音时水在口中的运动，加强舌根的弹性，使舌根灵活；林肯为克服说话时底气不足的毛病，每天清晨，口含石头迎风跑步，以增加肺活量。以上这些实例，为我们提供了很好的练习发音的方法，我们不妨根据自己的实际情况，有选择地进行发音训练。这里主要介绍呼吸训练、声带训练、共鸣器训练。

1．呼吸训练

俗话说"练声先练气"。气息是人体发声的动力，就像汽车上的发动机一样，它是发声的基础。气息的大小对发声有着直接的关系。气不足，声音无力；用力过猛，又有损声带。所以我们要练声，首先要学会用气。

（1）吸气：吸气要深，小腹收缩，气沉丹田，整个胸腔要撑开，尽量把更多的气吸进去。注意吸气时不要提肩。

（2）呼气：呼气时要慢，让气慢慢地呼出。因为我们在演讲、朗诵、辩论时，有时需要较长的气息，只有呼气慢而长，才能达到气息够用的目的。千万不要将气一下子喷放出去。呼气时可以把上下颌合上，留一条小缝，让气息慢慢地通过。

这种方法能使肺部储气充足，保持发音时所需的足够原动力；同时，呼气控制自如，运气发音时便游刃有余、流畅自如，如此发出的音才会不硬、不直，而且有力、有节奏。训练时一定要抬头挺胸，肩脊舒展，自然放松。

要学习吸气与呼气的基本方法，可以每天到室外或公园做此项练习，天长日久定会见效。

2．声带训练

我们知道人类语言的声源是在声带上，也就是说，我们的声音是通过气流振动声带而发出来的。

在练发声以前先要做些准备工作。先放松声带，用一些轻缓的气流振动它，让声带先发一些轻慢的声音、有点准备，千万不要张口就大喊大叫，那只能对声带起破坏作用。这就像我们在做激烈运动之前，先要做些准备动作一样，否则就容易使肌肉拉伤。

声带训练的最佳方法与歌唱家"吊嗓子"一样，要全身放松吸足一口气，张开或闭合口，发出由低到高、又由高到低、或时高时低、连续变化起伏的"啊""咿""吗"等声音。用这种方法训练可使声带润滑，发出的声音流畅、灵活。

用这种方法训练时应当注意：要避免在饱食后或在空气污浊的地方训练，最好是在清晨或晚上训练。

3. 共鸣器训练

除了胸腔，人体还有一个重要的共鸣器，就是鼻腔。有人发音时只会在喉咙上使劲，根本没有用上胸腔、鼻腔这两个共鸣器，所以声音单薄、音色较差。

发音时，单纯由声带产生的音量很小，约占讲话音量的 5%，其余 95% 的音量是由共鸣器放大的。发音时运用好共鸣器，就可使声音变得圆润、洪亮、舒畅，而且有磁性。简单的训练方法有：（1）学牛叫声，练习"嗯"音；（2）闭上口，用鼻音哼歌。

但我们一定要注意，在平日说话时，如果只用鼻腔共鸣，那么也可能造成鼻音太重的结果。

我们还要注意，千万不要在早晨刚睡醒时就到室外去练声，那样会使声带受到损害。特别是室外与室内温差较大时，更不要张口就喊，否则，冷空气会进入口腔、刺激声带。

练习：

朗读下面这段文字，按标记的符号吸气（下文中的"/"为吸气符号）。

我的一滴泪，/也止不住/滴在这千行泪雨中。啊，亲爱的、可敬的朝鲜人民！

在纷飞的战火中，/你是那样刚强！敌人把你的城镇变成了废墟，/你没有哭；敌人把你的家园烧成了灰，/你没有哭；敌人杀死了你的亲人，/你没有哭；敌人把你绑在大树上，/烧你，烧你，/你没有哭；

你真是一把拉不断的硬弓，/一座烧不毁的金刚！

可是今天，/当你的战友——中国战士们/要离开你的时候，/你却倾洒了这样多的眼泪，/仿佛要把/你们每个人一生一世的眼泪，/都洒在今天！你是多么刚强/而又多情多义的人民！

（二）声调能力训练

平淡的声调使说话内容平淡、意义不能突出，使听者失去兴趣、容易忘记。反之，使用有力的声调，巧妙地对每个字的声调进行控制，能保持听者的兴趣，使之完满地接收及记忆讲话者想表达的意思，更能使其进入相应的情绪状态中。

声调能力训练分为以下四个方面：声量扩张、声调与内容配合、声调的情绪表达、声调的投契合拍。

1. 声量扩张

（1）讲一讲

一个人的内心状况，会通过他说的话、声调和身体语言充分地表现出来。自信心不足的人往往不敢大声说话（或者只是大声咆哮），自信心强的人则可以随意收放声量。

声量收放自如的表达者，大部分时间用温和的语调，但是遇到必要的情况，他们也可以显示出声量的广阔幅度，如宣读一份激昂的声明时，听众就会感受到他声量的浑厚。

上音乐课或者多唱卡拉 OK 对声量能力扩张很有帮助。第一，可以练习吸满气再开口，而且经常保持肺内有最大的空气存量；第二，学会用横膈膜发声，这样声音的力量更能发挥；第三，有助于减轻压力。

（2）想一想

① 你认为自己的声量有收缩性吗？

② 你认为回答问题时说"是"与"是，是，是"，哪种回答显得更有自信？

③ 你希望重点开发自己声音哪方面的潜能？

（3）试一试

★ 形式：两人一组，将全班同学分为两部分，对应训练

★ 时间：每次 3 分钟

★ 场地：在空旷地方进行

★ 材料：无

★ 目的：①帮助讲话者提高声量；②通过锻炼使说话时更有力量；③提升自信心。

要求：第一步——每人用"三三法"模式，列出下列题目的大纲。

① 训练前一定要做声带的放松准备工作，以免用力过猛，损伤声带。

② 每次训练不要超过 3 分钟，中间休息时可发气泡音保护嗓子。

③ 提高声量训练：两人一组，相隔 10 米相对站立，展开对话（题目任选）。两人都运用最高的声量说话。若两人声音都很响亮，可将距离增加。

④ 设定目标练声量：两人一组，其中一人练习时，另一人为助手。练习者先选一个目标（如我希望成为一个充满自信的人）。两人相距 10 米（若地方容许，相距 15 米，甚至 20 米更佳）。练习者大声介绍自己的姓名，然后说出目标，助手回答说"我听不到你的话，请再大声一点！"两人反复如此对话，每次助手都要求练习者提高声量（此练习对自信心提高很有效果，尤其是对平时声量甚小的同学较有用）。

讨论：

① 通过此练习你感触最深的是什么？

② 你认为说话时，什么样的声量有自信、什么样的声量无自信？

③ 你是否尽了自己最大的努力帮助对方提升音量？

2. 声调与内容配合

（1）讲一讲

在平时沟通中，我们不难发现有的人说话声音与内容配合得很好，声音的大小、语速的快慢、语气的轻重都与说话的内容密切相连。例如，当内容是坚定有力的，你就可以从声音感受到那份决心与力量；当内容是矛盾的，你就可以从声音感受到那份犹豫与矛盾。总之，声音与内容配合得好坏直接影响到沟通的效果。声音与内容配合的关键是声调运用的"五要点"，即：①重点词语前要加重语气，并稍停顿。②需要听众融入感情时，语速要慢、声音要沉；需要听众情绪激昂时，声调要大、要增加力量。③发音用"丹田气"。④特别重要的内容应重复 1~2 遍。⑤声调要与文字内容的含义、情感密切配合。

讨论：

① 你感觉你们组里，谁说话最有力量？为什么？

② 你感觉你们组里，谁说话与文字内容配合得最好？为什么？

③ 你感觉哪些人说话好听？为什么？

（2）试一试

★ 形式：第一部分独自进行，第二部分分组进行

★ 时间：共 30 分钟

★ 场地：不限

★ 材料：无

★ 目的：①锻炼说话时声调与文字内容相配合；②提高自己说话声调产生的效果。

要求：第一部分：单独练习。反复朗读以下样文或其他短文，注意声调与内容相配合。

第二部分：分组练习。一个人站着读或背一段短文，其他组员闭目聆听，注意分辨朗读者或背诵者的声调是否与内容相配合。听完后组员分享自己的感受，最好能做详细的点评。

练习：

感恩的心

我来自偶然　像一颗尘土

有谁看出我的脆弱

我来自何方　我情归何处

谁在下一刻呼唤我

天地虽宽　这条路却难走

我看遍这人间坎坷辛苦

我还有多少爱　我还有多少泪

要苍天知道我不认输

感恩的心　感谢有你

伴我一生　让我有勇气做我自己

感恩的心　感谢命运

花开花落　我一样会珍惜

（3）想一想

① 你认为声调运用的"五要点"，自己哪些做得较好，哪些还不够？

② 你打算怎样提升声调与内容配合方面的不足？

③ 你打算每天用多少时间来练习声调与内容的配合？

3．声调的情绪表达

（1）讲一讲

打动听众内心的往往不是单纯的内容，而是内容、声调、身体语言所代表的情感结合的效果。内容、声调、身体语言三者之中，声调最能影响听众内心情绪感受。没有情感或者情感不足的说话者，就像机械或冷冰冰的工具，很难产生情感的力量。

说话时所表现出的情绪状态，比说话的内容更能影响听者的心情，更能给对方留下深刻印象。下面的练习能帮助我们提高这方面的能力，掌握说话时用声调表现情感的技巧。

这类练习有一个重要的作用：它不但能使我们学会更好地表达情绪、提高表达能力，同时还可以帮助我们了解他人的情绪，有助于我们更好地了解对方，为更好地沟通打下基础。

（2）想一想

① 日常生活中，你是怎样通过对方说话的声调来判断对方所处的情绪状态的？

② 你自己处在不同情绪状态下的声调，与平时有什么不同？

③ 你认为声调与情绪的学习有窍门吗？

（3）试一试

> ★ 形式：分组训练
>
> ★ 时间：每人 3～5 分钟
>
> ★ 场地：室内
>
> ★ 材料：每人一套情绪卡纸
>
> ★ 目的：①学习声调与情绪的密切配合；②开发自己平时很少用的情绪能力；③为今后与人更好地在情绪上交流打下基础。

要求：全组参与，先指定某一例句，组员各自先熟悉例句，并试着根据以下 6 种情绪带情感地说例句。然后全组成员围坐，轮流用 6 种情绪分别表达例句，其他组员及时给予意见，帮助表达者更好地表达。

6 种情绪：伤心、愤怒、紧张、不耐烦、兴奋、神秘。

例句：① 想到他上次讲的话，想到他上次讲话时的表情，我还能说什么呢？

② 看到你现在这样，我真不知说什么好。

③ 我一直在想，我见到他时会怎么说。

讨论：

① 你表达哪种情绪时，大家认为不像？大家的建议是什么？

② 其他人的声调情绪练习给你什么启示？

③ 你认为自己难以表达的情绪，怎样练习才能提高？

4．声调的投契合拍

（1）讲一讲

试想一下：当你对别人大声说话，而别人却很小声地回答时，你的感觉怎么样？反过来，你想跟对方说悄悄话，可对方却提高嗓门回答你时，你的感觉又会如何？仔细观察一下就不难发现，沟通时双方感觉到声调上较协调时，更容易接纳对方。因为声调微小的差异都可使双方之间产生隔阂，从而直接影响到沟通效果，如同螺丝与螺母之间差一点点就连接不上，差一点点就会影响到接合质量的好坏一样，声调上的投契合拍最能影响情绪上的共鸣，因此使得彼此关系更易建立、沟通更有效果。

声调主要包括四个方面的内容：大小声、快慢速度、高低调及说话语气。声调上的投契合拍应做到以下四个方面：①对方的声调大，则自己相应也大；对方的声调小，则自己相应也小。②对方的语速快，则自己相应也快；对方的语速慢，则自己相应也慢。③对方的声调高，则自己相应也高；对方的声调低，则自己相应也低。④对方的语气重，则自己相应也重；对方的语气轻，则自己相应也轻。

总之，沟通过程中，要尽量配合对方的声调（特殊情况除外，如吵架时等）。

（2）想一想

① 你以前与人沟通时，有没有注意声调上与对方配合？

② 回忆一下，你以前与人沟通时，有无在声调上与对方配合得不好，导致你们无法继续沟通下去的经历？

③ 你认为声调的投契合拍练习在生活中有实践的机会吗？

（3）试一试

★ 形式：分组进行

★ 时间：每人 5 分钟

★ 场地：室内

★ 材料：无

★ 目的：①学习声调上的投契合拍，提高沟通的效果；②掌握声调投契合拍练习的作用与方法。

要求：一人扮演老师，其余扮演学员。先由一位学员说两句话，老师回应并且做到声调上与之投契合拍。若配合效果不好，任何学员皆可马上提醒老师。然后第二位学员开口，老师回应配合，直至全部轮换一遍。

转由另一位学员扮演老师，重复上述程序，直至全部学员都轮换一遍。

讨论：

① 在生活中，如果你要去劝架，思考一下如何实现声调上的投契合拍？

② 在扮演老师时，你与谁的声调投契合拍比较容易？谁的比较难？

③ 你认为声调难以投契合拍，主要是由什么原因造成的？

练习

【练习一】 读下列绕口令，速度可由慢到快。

① 尤大嫂去买肉，冉大妈去买油，尤大嫂买肉不买油，冉大妈买油不买肉。两人集上碰了头，尤大嫂请冉大妈到家吃炖肉，冉大妈请尤大嫂去她家喝蜂蜜白糖加香油。

② 山前有个颜远眼，山后有个袁眼圆。两个人爬上山头来比眼。也不知是颜远眼的眼比袁眼圆的眼看得远，还是袁眼圆的眼比颜远眼的眼生得圆。

③ 小青和小琴。小琴手很勤，小青人很精，琴勤青精，你学小琴还是学小青？

【练习二】 读练下面的绕口令。

① 八百标兵奔北坡，炮兵并排北坡炮；

炮兵怕把标兵碰，标兵怕碰炮兵炮。

② 哥挎瓜筐过宽沟，赶快过沟看怪狗；

光看怪狗瓜筐扣，瓜滚筐空怪看狗。

③ 洪小波和白小果，拿着箩筐收萝卜，

洪小波收了一筐白萝卜，

白小果收了一筐红萝卜，

不知是洪小波收的白萝卜多，

还是白小果收的红萝卜多。

四、形象

（一）形象的基本概念

每个人都想有更好的形象，若想更有效地提升自己的形象，须充分地明白以下的概念：

（1）形象的感觉不是由自己决定的，而是由对方来决定。

（2）形象的必须配合环境和你当时扮演的角色。

（3）对方在6秒内确认了你的形象，其他的时间里，他只是找寻证据去证明他的认识是对的。

（4）每个人都想靠近有力量的人，但是这种力量必须没有威胁感。良好的力量分5个级别，由易到难分别是亲和力、可信度、感染力、推动力和感召力。

形象的构成要素包括：说话内容的意义，声调的选择，身体语言和行为。其中得分最低一项的分数，便是你整体形象的得分。

（二）演讲时的形象

身体语言在口语表达中的作用非常重要，特别在台上演讲、表演、讲课时更是如此。下面以在台上演讲为例，说明身体语言各部分的作用。

1．眼神

眼睛是心灵的窗户，眼神才是你真正与观众产生联系的媒界。演讲时，只要可能，就要用眼睛巡视听众，用眼睛传递丰富的感情。对每一位听众都要注视一会儿，而不是匆匆一瞥或是一扫而过。要在不同的角落里都确定一些"代表人物"。当然，你应该选择一些友善的"代表人物"，对他完整地说完一个意思，再转向另一个方向，这样可以使听众感觉到你在注意他们中的每一位。不要注视听众之外的任何事物，这会引导听众视线跟着你的眼神到处走。眼神不要闪烁不定，若对所有事物的注视都极为短促，别人会觉得你内心不安，因而也会引起他们的不安。

如果是一对一的沟通，为了保证沟通效果，使对方感觉到你在认真聆听，在与对方沟通的时间里，应保证30%～60%时间的眼神接触。

当众演讲查阅讲稿时，尽量避免低头看稿。因为你每次低头，给人的感觉就是你此时的注意力在讲稿上，而不是在听众身上。当面对一个人时，你对他注视少于 30%的时间便会使他觉得你无心与他交谈，更何况你现在面对的是那么多人。另外，如果你总是低头看稿，也会令听众感到你对演讲内容并不熟悉，还会引起听众的分心。注意念讲稿时，一次不可超过数行，否则会留下只是读稿而不是与听众交流的印象。

2. 面部表情

面部表情当然应该与讲话内容紧密配合。通常采用的表情应该是轻松、随和而略带笑容。面部表情对演讲、表演、沟通的效果有十分重要的关系，面部表情欠缺会给人不投入、怯场、紧张、没信心的感觉。活跃表情，自由活动面部肌肉，做到每一个表情都比在日常生活中更富有夸张性。即使在讨论一个非常严肃的话题时，也应生动、有趣。

微笑就如春天的阳光一样温暖人心。微笑胜过一切言语，能让你获得更多朋友。有自信、对大局控制得好的人都会面带笑容。一般人最喜欢与这类人接近、向他们讨教。尤其是当别人向你提问时，你的笑容会使对方感觉到你胸有成竹，更易信服你。

同时，我们还必须注意头部姿势对演讲形象的影响。头部的姿势应平正和微向上扬。头部向下给人缺乏自信、不能肯定的形象。头部不应频繁摆动，也不应动作太快。头是控制中心，就算手脚快的时候，头部仍应保持稳重，表现出控制大局的能力。

3. 手

初学者上台发言时会觉得不知应该如何安置两只手。这时可以尝试把手肘屈起，两手放松地放在左右腿骨最低的地方。把这个地方看成标准位置，每次用完双手或者忘记、醒觉后都把它们带回这个位置。直垂双手是没有准备、松散的姿势，放在标准位置则是积极、进取的姿势。

最好的手势是手心向上。传统上这代表坦诚、开放。这个手势延伸一下，即是把手离开身体向上前方伸远，这是一个表示有远见或者欢迎的姿势，比较有气势。

手心向下一般来说是否定性的手势，尤其是手心斜向观众而向下，表示压制，是要求对方停下来的姿势。当我们需要控制骚乱（要求听众"镇静"或"慢下来"）时，我们便会用一个手心向下的手势。

两手向外伸展，以配合讲话内容的需要，这是常常会出现的手势。这类手势的幅度大小常常取决于讲话者的自信有多大。自信越大，双手伸得越开、伸开的次数越多。

夸张的姿势不一定只用手，往往全身都用上。从所表达的意义来说，手势可分为三种：配合、不配合、无意义。

演说时配合手势，可以表达得更加明确、清楚。而且，手势有助于声音、面部表情及身体动作互相配合，使彼此相得益彰。

大胆挥舞的手势，有助于拓展个人空间和提高表现力。

要慎用动作过大或过于平淡的姿势，前者似含有攻击性，后者则有太虚弱之嫌。

双手不要交叉放在胯部，也不要放在背后。

4．身体

直立、头微向上抬，这显得轻松而灵活、有信心且积极。

不要做摇摆不必要的动作，但也绝不要僵硬死板。

演讲、表演时，除非你坐下后仍比观众高，否则应该尽量站着。不要老是用同一个姿势站立，或者站在同一位置，应该自然、轻松地走动，去与观众沟通、接触。

5．动作

在台阶上有意走动，甚至走到听众中间，以活跃气氛。

准备过程中，应仔细设计演讲中会用到的动作。

不要频繁走动，也不要躲在讲台后面，除非别无选择。

（三）迅速提高自信形象的技巧

1．讲一讲

专家对身体语言与自信的关系进行了深入地探讨，发现只要对脚、手、头、眼等稍做调动，给人的感觉就会有很大的不同。研究还发现，自信与身体语言的联系有一定的规律。内在有自信的人，从外表是可以看出来的；反过来说，外在的训练也可以激发内在的自信。举个简单的例子：一个人上台演讲，虽然他准备得非常充分，可他是个驼背，就因为他是驼背，也许你对他的第一印象就不会太好，可能也会想当然地认为他会不够自信。反过来，如果他经过训练后，改正了驼背的习惯，成了昂首挺胸的人，那么他给人的感觉就会有很大的不同。这就是通过外在的训练改善自信形象的例子。

下面介绍一种通过调整身体语言，从而达到迅速提高自信和自信形象的方法，这个方法带来的效果是两方面的。

①观众感觉演讲者有自信；②演讲者内心的自信增强。

老师示范，同时讲解以下规则。

- 脚——与肩等宽。
- 手——双手相握、高于手肘。
- 胸——挺胸收腹、腰背拉紧。
- 头——上扬 5°。
- 面——面带微笑、放松自然。
- 眼——环视、说一句话转一个方向。

2．想一想

（1）是自己感到是否习惯重要还是别人感到你是否自信重要？

（2）身体做少许调整，马上会让人觉得你更有自信，为什么？

（3）为什么身体姿势做一些调整，给人的感觉就会不同呢？

3．试一试

★ 形式：分组练习，4～5 人一组较合适

★ 时间：练习一、练习二、练习三分别用 15 分钟、15 分钟、25 分钟

★ 场地：不限

★ 材料：无

★ 目的：（1）纠正以往不良的身体语言。

（2）提升自信。

（3）掌握迅速提高自信的技巧。

要求

（1）每人轮流扮演讲者（站），其他为观众（坐）。

（2）双方面对面，距离 2 米左右。

（3）观众要大胆地、毫不留情地指出演讲者的不足，帮助演讲者纠正姿势、提升自信，直到大家都感到演讲者的姿势是最有自信、最自然的姿势为止。

（4）演讲内容由演讲者自定，任选几句话即可。

【练习一】　脚与肩等宽，双手相握，高于手肘，头上扬 5°。

【练习二】 出场并站稳后，面带笑容，眼睛环视，用眼睛向大家问好。演讲时一定要说一句话换一个方向，照顾到全场每一位观众。

【练习三】 在练习一、练习二的基础上，吸满气后开始演讲，第一句话声音要大、要有力，要让全场每一位听众都能听到、听清。

（以上练习，如有全身镜帮助定形，效果更佳。）

讨论：

（1）此练习你感触最深的是什么？

（2）大家指出的你的盲点，你接受吗？

（3）调整后的姿势你习惯吗？你打算以后有意识地练习吗？

（四）形象灵活化训练

1. 讲一讲

有经验的演讲者，不会只拘泥于一个固定形象。试想一下，面对一群五六岁的小孩子和面对一群六七十岁的老人，同一个形象能在两种情况里都实现最佳的亲和感和融洽效果吗？当然不能。俗话说"因人而异""因材施教"，对演讲者来说也是如此。

有经验的演讲者针对不同的对象，会在衣着、演讲内容、行为及演讲场所安排上做出相应调整。

当然，一场演讲未开始时，演讲者只能猜想怎样的个人形象最恰当。当他步入讲堂时，他也需要一个基本形象去进行演讲。之后，随着与观众的接触，演讲者要很快不露痕迹地调整自己的形象，去配合现场的需要。

2. 想一想

（1）生活中你与什么样的人最难沟通？

（2）你愿意成为一个灵活调整自我形象的人吗？

（3）你打算怎样在调整自我形象方面进行提升？

3. 试一试

★ 形式：分组训练

★ 时间：每人 6～8 分钟

★ 场地：不限

★ 材料：无

★ 目的：（1）针对不同的人，学会用不同的方式讲演、沟通、表演。

（2）学会灵活、自然地表达。

要求：（1）各组成员轮流做演讲者，先准备一个故事，以 1~2 分钟为宜。演讲者须将组员假定为三种不同角色，有针对性地表述故事。

第一次：想象组员为同龄人。

第二次：想象组员为六七岁的小孩。

第三次：想象组员为六七十岁的老人。

（2）双方面对面，距离 2 米左右。演讲者对假定为不同年龄段的人讲故事时，一定要采用不同的声调、不同的身体语言，要结合各年龄段的特点进行灵活的变化。每人的三次讲述完成后，才轮下一位组员做演讲者。换人之前组员应与演讲者讨论交流，提出改进意见。

讨论：

（1）你感觉这种训练的意义是什么？

（2）你感觉最难讲的是哪一次？难在哪儿？

（3）生活中你和哪个年龄段的人沟通的效果最好？为什么？

五、身体语言的运用技巧

身体语言能力训练的方式有很多，下面重点介绍四种身体语言的能力训练，即增加眼神的力量、身体语言与内容配合、身体语言的情绪表达、身体语言的投契合拍。

（一）增加眼神的力量

1. 讲一讲

眼睛被誉为人类灵魂的窗户，有它的道理。眼睛在沟通上所扮演的角色是非常重要的。

我们可以经过一些简单的训练，培养运用眼神去配合说话的意思，使得所说的话更显力量。

2. 想一想

（1）你认为什么样的眼神是有力量的眼神？

（2）你觉得生活中谁的眼神最有力量。为什么？

（3）你打算平时有意地进行哪方面的训练来增加自己眼神的力量？

3．试一试

> ★ 形式：按对训练
>
> ★ 时间：两部分共 30 分钟
>
> ★ 场地：不限
>
> ★ 材料：无
>
> ★ 目的：（1）更好地发挥眼睛的作用。
>
>   （2）学习用眼神来表达情绪。
>
>   （3）开发眼神的力量。

要求：（1）按对进行，一人做引导者，其他人观察并且说出感受。引导者先回忆或制造以下四种情况，投入当时的感受后，开口说一句与当时环境有关的话，说话时注意本人双眼的状态。①十分轻松；②意外的惊喜；③给对方一个严重的警告；④愤怒，准备有所行动的前一刻。每次做完，引导者询问各人的感受，分析当时眼神的运用能否更有效。各人轮流做引导者。

（2）表演者每人轮流扮演发言一分钟，不要任何眼神力量。然后表演者重复一分钟的发言，尽量运用眼神力量，比较两次区别，其他人说出感受，帮助表演者更好地发挥效果。

讨论：增加眼神的力量

（1）练习中大家说你哪种眼神表演得好？哪种眼神表演有待提高？

（2）哪位队友的眼神表演对你启发最大？

（3）你是否大胆地说出你对队友的感受？特别是指出队友的缺点？

（二）身体语言与内容配合

1．讲一讲

身体语言占沟通效果 55%的比重，故十分重要。配合得好的身体语言会使到表达者的语言更有力量，听众的理解更清晰。

2．想一想

（1）想一想你认识的人中，谁的身体语言最到位、最自然？他是怎么做到的？

（2）你认为自己的身体语言运用得如何？

（3）你打算如何进一步地提高自己的身体语言？

3. 试一试

★ 形式：分队训练
★ 时间：三部分共 45 分钟～1 小时
★ 场地：不限
★ 材料：无
★ 目的：（1）开发自己身体语言的潜能。
　　　　（2）为了跟不同层次、不同年龄的人更好地沟通。
　　　　（3）为了与人沟通交流时，沟通的效果更好。

要求：这个训练包括三个部分。

第一部分

选择一个故事，加上合适的声调及身体语言，向其他队员讲授。讲到两分钟时停止，无论故事是否讲完，以下两部分都只做到停止之处。

第二部分

想象本人变成了哑巴，只能用身体语言说出故事，但又必须让队员明白所讲内容（想象如何通过加强身体语言队员才能明白）

第三部分

用第一次的文字及声调，加上第二次的身体语言，再把故事向队员讲一次，队员注意一下感受是否因此而加深了。每次必须全部队员都觉得满意才能做下一部分，否则重做。

讨论：身体语言与内容配合

（1）你感觉这三部分练习哪一部分最难做？难在哪？

（2）你认为这个训练的意义在哪？

（3）当你的训练达不到队员们的要求时，你的感受是什么？

（三）身体语言的情绪表达

1. 讲一讲

表达者表现出的情绪状态，若能与所说内容及其声调和身体语言表达清晰、配合准确，对听众的接收效果有极为重要的影响。

2. 想一想

（1）你认为你的身体语言的情绪表达哪些比较好？哪些有待提高？

（2）你打算怎样训练自己的身体语言的情绪表达？

（3）在生活中你打算好好开发自己哪一部分的情绪潜能？

3．试一试

★形式：分队训练

★时间：每人 3～5 分钟

★场地：不限

★材料：每人一套 8 种情绪卡纸

目的：（1）开发身体语言的情绪表达潜能。

（2）学会运用情绪与了解他人的情绪。

（3）能更生动地表达与沟通。

要求：每队每人轮流扮演演讲者，站立、面向组员，一名组员手中拿着 8 张卡纸，分别写上以下 8 种情绪：尴尬、愤怒、紧张、失望、不耐烦、兴奋、神秘、惊恐。

持卡的组员每 10～20 秒抽一张卡纸，向演讲者发出指示，演讲者不说话，只凭双手动作表达出该种情绪。其他组员猜测演讲者表达出的是什么情绪。若猜不对，演讲者不断修正，直至队员凭演讲者的表现猜对为止。

讨论：身体语言的情绪表达

（1）这 8 种情绪中哪一种情绪感觉自己最难掌握？与你平日生活中的情绪表现有关吗？

（2）你的队友中，谁的情绪表达训练给你的启示最大？

（3）身体语言的情绪表达有助于演讲、表演及日常生活中的沟通效果吗？

（四）身体语言的投契合拍

1．讲一讲

日常生活中，我们常见到两个人站着、坐着或躺着聊天，可以聊很久，甚至几个小时。同时我们也注意到，如果一个站着，一个坐着谈话，会感觉到别扭，说话也说不长久。这是为什么呢？其实身体语言上的投契合拍，对沟通的效果有很大的影响。

2．想一想

（1）生活中你与人沟通时，如果一个站着说，一个坐着答，你的感觉是好还是不好？

（2）生活中有没有试过，两人几乎相同的站姿，站在一起聊天，一聊就是几个小时，而且还不累？

（3）你认为与对方的身体语言配不配合，对沟通效果影响大吗？

3. 试一试

★ 形式：两人一组沟通

★ 时间：两部分共 20 分钟

★ 场地：室内

★ 材料：椅子

★ 目的：（1）体验身体语言上投契合拍与不投契合拍的差异。

（2）学习身体语言上投契合拍，为了更好地与人沟通。

要求：（1）　　　　　　　第一部分

A 学员与 B 学员说话时（随便什么话题），B 学员身体语言非常配合。（A 学员站，B 学员也站；A 学员坐，B 学员也坐；A 学员往椅子前坐，B 学员也往椅子前坐；总之，B 学员有意完全配合与 A 学员的身体语言）

第二部分

A 学员与 B 学员说话时（随便什么话题），B 学员身体语言不配合。（A 学员站，B 学员就坐；A 学员坐，B 学员就站；A 学员往椅子前坐，B 学员就往椅子后坐；总之，B 学员有意完全不配合与 A 学员的身体语言）

（2）反过来试，B 学员与 A 学员说话，A 学员与对方身体语言完全配合。

（3）双方分享两次沟通过程中自己的感受，分析两次感受的不同之处。

讨论：身体语言与内容配合

（1）以上几个练习，你体验最深的是哪个？

（2）当对方站着，你坐着与对方沟通时，你的感受是什么？

（3）当你用心与对方沟通，而对方心不在焉，你的感受会怎样？

项目二　演讲中的口才

一、演讲的性质和作用

演讲是指面对一定数量的听众，针对某个问题口头阐述事理、说明见解，目的是感召听众、启发听众。

演讲是口才综合训练的最好方式，也是检查口才学习情况的最好方式。

在学校中开展演讲与演讲比赛活动，不但可以活跃校园的文化生活，而且也可以激发学生学习口才的积极性，同时也能为口才能力的展示提供一个平台。

在社会生活中，演讲具有澄清是非、惩恶扬善、唤醒民众、激发斗志、启迪智慧、交流思想、融洽感情等作用。随着社会的发展和进步，演讲已深入到外交、文化、教育、经济等领域，发挥着越来越大的作用。

二、演讲的种类

演讲按照不同的标准来划分，可以分为不同的种类，一般有三种分类标准。

1．按演讲形式划分

演讲按形式可分为命题演讲、即兴演讲、辩论演讲三种。

（1）命题演讲

命题演讲是指事先命题的有准备的演讲。这种演讲从选题、构思到语言运用、感情处理等都有充分准备，因此质量一般较高，容易取得较好的效果。

（2）即兴演讲

即兴演讲是指无准备的临场发挥的演讲。这种演讲要求演讲者才思敏捷、机智应变，它是考查演讲者知识积累、思维品质、语言表达等综合能力的重要手段。

（3）辩论演讲

辩论演讲是指有对手的即兴演讲。演讲双方互为听众，又互为演讲者，因此这种演讲不能由自己选择题目，而且只能临场随机应变。在辩论的过程中，对方的思路常常是变化莫测的，对手的推导也是灵活多变的，要求演讲者在短时间内抓住对手观点的主要症结进行有力的反驳，因此它更需要知识、敏锐和机智。辩论演讲是演讲中难度最大的一种。

2. 按演讲内容划分

根据演讲内容的不同，演讲可分为政治演讲、教育演讲、管理演讲、公关演讲等。

（1）政治演讲

政治演讲是政治鼓动的一种有效形式，也是思想教育的一种有效途径。其特点是：观点鲜明、思想感情炽烈，具有鼓动性和感染力。

（2）教育演讲

教育演讲是传播信息、传授知识的重要方法，是进行学术交流的常用形式。其特点是：知识量大，科学性强，逻辑严密，具有较强的说服力。如教师课堂讲课、知识讲座和学术报告等均属此类。

（3）管理演讲

管理演讲是管理工作中的一种形式，也是汇报、交流情况的常用方法。其特点是任务明确，要求具体，方法步骤安排恰当，具有组织性和渗透力。

（4）公关演讲

公关演讲是传递信息、沟通关系、树立组织良好形象的有效手段。其特点是热情奔放，简短明了，具有亲切感和凝聚力，如欢迎、告别、祝贺、答谢会上的致辞均属此类。

3. 按场所划分

演讲按场所可分为巡回演讲、街头演讲、大会演讲、宴会演讲、课堂演讲、法庭演讲、广播演讲、电视演讲等。

此外演讲还有其他划分标准，如按表现手法可分为叙述性演讲、说明性演讲、抒情性演讲，按演讲风格可分为激昂型演讲、诙谐性演讲、缜密型演讲等。

三、演讲稿

（一）演讲稿的写作要求

演讲稿又称演讲词。写作演讲稿是演讲的第一步，是演讲获得成功的基本保证。

演讲必须言之有物，所以要学会选择和组织材料，让演讲生动有趣，充分调动听众的主观能动性，让人耳目一新、产生共鸣。

好的演讲稿具备以下四个特点。

（1）新鲜：就是要有新人、新事、新成果、新情况、新经验，反映新形势、新面貌，讲出新"道道"，让人感到耳目一新。

（2）实在：就是具体、实在，使听众看得见、摸得着、感觉得到，感同身受，而不是空洞、抽象的说教。

（3）有趣：就是生动、活泼、有趣味。要有动人的情节、活泼生动的语言，能制造悬念，具有幽默感。

（4）鲜活：就是要讲真人、真事，要有形、有色，展示活灵活现的东西。

素材的使用要详略得当。最能体现演讲个性特征的素材宜详，一般化的素材宜略。演讲中使用素材的数量与所掌握的素材的多少应成正比。掌握素材越多，选择余地越大，使用起来就越方便。

（二）演讲稿的结构

演讲稿的结构形式，对于演讲的成败具有重要的意义，严谨的结构能增强演讲的逻辑力量，活泼的结构能产生演讲的美感效应。因此，写作演讲稿必须十分注意结构安排。演讲稿一般由称呼、开头、主体和结尾四部分构成。

1. 称呼

称呼是一篇演讲稿不可缺少的组成部分。它不仅反映出演讲者与听众之间的关系，而且反映演讲者的个人修养。演讲者对听众的称呼是否得当，直接影响着演讲的成败。著名的演讲家都十分重视它，用心研究它，并以认真的态度对待每一次演讲中的称呼，力图使之起到应有的作用。

称呼有类称与泛称两种。如果是在学校举行的演讲大会上讲，就可以称呼"各位领导、各位老师、各位同学"，这就是类称；如果是在本单位或本系统的职工大会上讲，称呼"同志们"，这就是泛称。

2. 开头

一篇演讲能否成功，关键在于开始的一两分钟内能否抓住听众、吸引听众的注意力。出色的演讲者，无论在何种情况下，总是以他特有的风度、洪亮的声音、新奇的内容、特殊的方式、精彩绝妙的语言，力图一开始就控制全场、吸引听众。一个好的开头不仅能提纲挈领地点明演讲主旨、创造适合整个演讲的气氛、定下演讲的基调，而且能引人入胜、控制全场听众的情绪。因此，写作演讲稿时，应当精心设计一个好的开头。演讲稿常见的开头方法有以下几种。

（1）悬念法：一开头给人一个悬念，吸引听众听下去。制造悬念不是故弄玄虚，既不能频频使用，又不能悬而不解。在适当的时候解开悬念，让听众的好奇心得到满足，前呼后应，巧妙过渡，能加深听众的印象，强化演讲效果，令人回味无穷。

（2）承上启下法：将前一位演讲者的演讲内容作为你演讲的开头。

（3）就地取材法：即抓住现场的某一特征作为引子。

（4）故事法：即以讲故事作为开头，吸引听众。

（5）提问法：即演讲一开始就向现场听众提问题。一种做法是让听众回答自己的问题，听众回答后要给以肯定，以此增强与现场听众互动的气氛；另一种做法是自问自答，如"朋友们好！请大家猜猜我爱好什么？告诉您——走路"。这种提问法的运用，并非真的要听众回答，只是表达上的一种技巧，旨在抓住听众的注意力，有利于启发听众思考，激发听众的兴趣，同时为点明主题做准备。

（6）独辟蹊径法：听众最不能容忍那些平庸、毫无新意的论调和叙述，反之，倘若我们摆脱习惯和思维定式的影响，突破"规矩"的限制，制造"此言一出，举座四惊"的艺术效果，则会立即震撼听众，使他们急不可耐地听下去。

（7）抒情式：抒情式开头能尽快地调动听众的感情，创造一种感情浓郁的氛围。同时，这种开头往往语言优美，具有诗情画意，有较强的感召力。

（8）幽默式：运用风趣、诙谐而又意味深长的语言，以活跃气氛，融洽感情。

（9）开门见山法：这也是一种比较常用的方法。这种开头方式能吸引听众的注意，并自然顺畅地引起下文。

（10）从惊人的或意外的事情讲起：惊人的事例、意外的事情往往能引起人们的好奇心，震撼人们的心灵。

此外，开头的方式还有很多，如用一个幽默、诙谐的小故事、寓言、笑话开头，用传闻故事、个人经历、偶然事件开头，用比喻、实物开头等。

无论采用何种开头方式，均应注意以下几点。

（1）形式上要力求新颖、别致，一下就紧紧抓住听众，吸引住听众。

（2）内容上要有新意，出奇制胜，使人耳目一新。

（3）要有容量，意境深远，内容丰富。

（4）要有声势，创造一种气势，定下整个演讲的基调。

3．主体

主体部分是演讲主题展开的部分。从表现手法看，演讲稿的主体部分有议论式和记叙式两种。

（1）议论式演讲稿

议论式演讲稿一般包括提出问题、分析问题、解决问题三个环节。但并非所有的议论式演讲稿都要按照这个程序来安排，应当根据主题的需要，适当地安排。常见的方法有以下几种。

① 排列法：把几个问题排列起来，有时是互相联系，一环扣一环地阐述主题；有时是各自独立，从不同侧面证明主题。这种方法层次清楚，形式整齐，易于被听众接受。内容较多的演讲可采用这种方法。

② 总分法：先提出总的观点，然后分别加以论述；或者先从几个方面论述，最后得出结论。这种方法逻辑性强，使听众清楚明了。

③ 递进法：各层次之间一层一层深入，最后水到渠成。这是一种由浅入深、由表及里的方法，它如同链条环环相扣，如同剥笋层层深入，具有强大的逻辑力量，易使听众折服。

这几种方法有时单独使用，有时综合使用，但无论如何使用，都必须根据主题的需要选择合适的方法。

（2）记叙式演讲稿

通过人物、事件、景物的记叙和描写，表达思想感情，反映社会生活本质，寓言传教育于形象描述之中的演讲稿，称记叙式演讲稿。这种演讲稿的主体部分安排主要有以下几种方法。

① 时间顺序法：按事物发生、发展、结局的自然时间顺序安排。如果你介绍一个单位的发展情况，可按过去、现在和将来，或成立、创业、现状、将来的顺序；若是宴会、欢迎会上的演讲，可先讲过去的友谊，再赞扬现在的关系，最后表示希望将来巩固和发展这种友谊。

这种方法应用范围广，使听众感到脉络清晰、井然有序、清楚明白，但是它难以一下子就显示出事物的本质意义，容易出现平铺直叙的毛病。因此，应当根据实际情况进行巧妙安排。有时也可采用倒叙或插叙的方法，使结构富于变化，避免平铺直叙，吸引听众注意。

② 空间顺序法：按照客观事物空间位置的顺序安排内容。如介绍武陵源的

风景，便可根据游览的路线，逐个景点地加以描述、介绍；如果介绍一种商品，可先讲外形，再讲内部构造。这种方法便于听众获得清楚的、整体的视觉印象，有如临其境、如见其物之感。

③逻辑顺序法：按照客观事物发展的逻辑顺序安排。如介绍一位英雄人物，可先讲其思想动机，再讲其动人事迹。

4．结尾

由于演讲的内容和题材不同，对结尾的要求也不一样。演讲稿结尾的方式千变万化、不拘一格，常见的结尾方法有以下几种。

（1）回味法：即通过这段结尾，起到一种耐人寻味的作用。

（2）提醒法：即把所要表达的意思，浓缩成一两句话，用排比的形式说出。

（3）呼应法：即把自己讲的所有内容归纳成几句富有哲理性的话表达出来，照应开头。

（4）号召法：即以富有号召力的鼓励语言结尾。

（5）调侃法：即通过通俗、轻松的语言，以调侃的口吻结尾。

（6）抒情法：即以抒情的语调来结尾。

（7）征询法：即用征询意见式的语言结尾，以倡导某种信念。

（8）引用法：引用名人名言或诗句、格言做结尾。采用这种结尾方式，成功的关键在于所引的话语必须与所讲的内容相吻合，引句的内容要高度凝练，而且为人们所熟知。

（9）诵唱法：用朗诵诗词和唱歌的方式结尾。

（10）总结法：在分析论证、说明问题之后，用精练的语言概括总结全文，加深听众印象，强化演讲主题。这是最常见的结尾方式。

此外还有幽默诙谐法、祝愿法、启发法等结尾方法。

项目三　面试中的口才

一、会做自我介绍

在求职面试过程中，一般用人单位都会让求职者做几分钟的自我介绍，即使对方已经很熟悉求职者的简历，但还是希望通过求职者本人的叙述来进一步判断其是不是他们所需要的人才。

自我介绍这个环节很重要，这不仅是因为它是用人单位了解求职者的一个有效途径，还因为通过自我介绍，求职者可以在最短的时间内把自己最能打动人的一面展现出来。所以自我介绍也是有讲究的，求职者既要让对方全面地了解自己，又要回避自己的缺点、突出自己的优势。

（一）自我介绍的内容

在自我介绍中，应该如实地向用人单位介绍自己的情况，即介绍与求职有关的、最主要的个人情况。与此有关的要详细介绍、突出自身优势，与此无关的则可以略去不提，或者三言两语带过。

1．一般情况

比如姓名、年龄、民族、籍贯、毕业院校、家庭住址等。这些只要说清楚即可。

2．学历和工作经历

一般只要讲清楚自己最高学历的学习阶段和毕业后做过哪些工作即可。讲述时应按时间顺序进行，中间不要留空白。如果其中一段时间没有工作而是在家休息，也应该如实说明。

3．职业情况

这部分是自我介绍的重点内容，应将所从事过的工作的单位、内容、时间、职务、效果、评价都进行详细说明。如果在这部分你能把能够证明自己能力的事件和客观结果讲述清楚，巧妙地说明自己的优点、打动用人单位，那么你面试成功的概率将会大大增加。

4. 其他情况

这方面的内容包括家庭成员、家庭经济收入、住房情况等，但现在一般只有在填表时会提及这些，自我介绍中可以不用讲。另外，可以专门介绍自己的爱好、特长，让用人单位了解工作以外的自己，并将此作为取舍的参考。

（二）自我介绍的注意事项

1. 不可滔滔不绝

自我介绍只是用人单位了解你的一种方式，而且一般只有几分钟的时间，所以不要妄图一次就把自己全部的能力和优点充分陈述出来，否则用人单位会觉得你过于浮夸或者找不到重点，甚至不尊重面试官。

2. 不可自我吹嘘

有时候稍稍抬高自己是必要的，但是不要扯得太远，不要过于离谱。而且要让别人相信你的话，就要拿出具体的事实作为依据；如果只是说自己如何如何好却没有事实，就会太没有说服力。

3. 只讲正面的事

面试是一种选拔考试，当然要表现出自己最优秀的一面来和他人竞争，千万不要过于"实在"而把自己的缺点毫无保留地和盘托出，尤其是和对方的用人标准背道而驰的缺点。只说正面的事，面试官也不会为难你，因为谁都知道面试不是揭自己短的时候。

4. 用证据来支持你的陈述

如果你说"我和寝室里其他同学的关系都很好"，那么不要说到这里就停住了，还要举一些具体的事例来加以佐证。

5. 突出重点，详略得当

在做自我介绍前要在心里有一个计划，弄清哪些内容是重点，哪些内容是次要的；哪些方面应该具体，哪些方面可以略有提及、不必赘述。这样讲述时就会详略得当、重点突出，面试官就会对你产生清晰而鲜明的印象，自然也提高了你被录用的概率。

6. 询问对方是否想了解更多

如果自我介绍只是自己一个人的口才表演，那就难免会冷落了面试官，而且你说的内容也不一定就是面试官想了解或感兴趣的，所以不要忘了在做完自我介绍后或者在自我介绍过程中时不时地问一句对方"你是不是还有什么希望了解的"。

二、巧妙回答刁难性问题

在求职面试中,面试官常常会提出一些故意刁难或者很敏感的问题让求职者回答,以此来判断求职者的职业道德、人格品质、工作责任心等基本素质。这时,如果你能回答得精彩,无疑会给自己增加很多亮点,从而在众多的强手中脱颖而出。那么该如何回答这些问题呢?其实对待这些问题有一个总的原则,那就是避其锋芒,话锋一转,暗度陈仓,避重就轻,化被动为主动。

(一)常见的刁难性问题

1. "从你的简历看,好像你没有这方面的工作经验……"

面试官这么问是表示对你是否能胜任这个工作感到怀疑,而你就要通过自己的语言表达,让他对你的工作能力感到信服。

我们来看看以下三种回答。

① 请贵公司相信,我的适应能力很强,会很快适应新的挑战。

② 的确,从我以往的工作经历来看,我没有直接的有关这方面的经验,这也许在短时间内会对我的工作造成一定的影响。但我相信,从长远来看,公司的发展需要那些有强烈的进取精神、善于开拓创新的员工来支撑。或许,没有多少直接经验的员工更容易在今后的工作实践中做出有开创性的突出贡献,就看这个员工是否善于学习和思考,是否善于接受新的挑战。

③ 我没有多少直接的工作经验,但我却有着相关的工作经验。据我所知,第一批教大学的人一定是上过大学的人。

专家点评:

第一种回答很简单,经不起面试官的追问,他会说:"我们公司现在需要的是马上进入高效运作状态的人才,根本没有时间让你去适应,你怎么办?"

第二种回答比第一种要有说服力得多。它肯定了自己没有直接经验可能给公司造成损失的客观存在,但话语里强调了"在短时间内"这一点;接着从公司长远发展的角度阐述了自己能很快适应公司,并且能为公司做出突出贡献的可能性,这就消除了面试官的排斥心理。如果能举个例子说明自己善于学习、有创新精神就更好了。

第三种回答做了一个类比,因而能给面试官一个新奇的感觉。不过如果不能再举例证明自己的能力,也会给面试官留下浮夸的印象。

2．"你为什么要应聘这份工作？"

面试官可能是想听听你是不是真的有心投入到这份工作中来，一旦应聘成功会不会只是把这份工作当成跳板。的确，没有公司想要一个心猿意马的人才。我们来看看以下三种回答。

① 我非常喜欢这份工作，它能给我带来较大的发展。

② 就我目前的情况，我需要这份工作，而且我相信自己能胜任这份工作。

③ 一方面，这份工作能给我带来较大的发展，因为我在这个领域有很多经验；另一方面，我相信自己有能力为公司发展做出自己的贡献，而且我相信自己可以把这份工作推上一个新的台阶。

专家点评：

如果面试官司感性意识强，喜欢为人坦率，那么第一种回答无疑能引起他的好感。但是，如果面试官理性意识强，则可能会认为其只是强调了应聘者单方面的收益，那这显然不能令他满意。

第二种回答包含了"双赢"的含义，但没能提供令对方信服的理由，因而也很难赢得面试官的好感。

第三种回答以比较充分的理由，将自身的利益和公司的发展摆在同等重要的位置，能显示出回答者的坦率和理性。无论面试官是何种性格，从为公司、企业招聘人才的立场出发，都不会对你的这一回答提出异议。

3．"你对未来的工作有什么考虑？"

这类提问也许是面试官在考查你对自己未来职业的设计能力，也许是在考察你对所应聘职务的热忱度，也许是在考察你在职业和人格上的稳定性，也许是在考察你对职业的忠诚度。但不管其出于何种目的，面试者在回答这个问题时，在时间和面试原则允许的条件下，都要尽量回答得具体切实些，让对方觉得你是有明确方向的、是有备而来的、是十分认真的。

刘东在应聘一家公司的销售主管时，事前进行了一些调查了解，发觉该公司在销售工作上存在两个问题：一是针对用户开展的技术讲座，尤其是售前的技术讲座欠缺；二是在市场开发上，西南工业区还是一个空白点。因此他在回答这个提问时是这样说的："对于未来工作的考虑，我还思考得不够成熟，但还是有几点设想的。一是加强本公司产品的宣传力度，我认为在原有广告宣传的基础上，还应加强产品的售前技术讲座。因为我们销售的对象是大公司，可以上门开办技术讲座，让对方的技术人员了解、熟悉我们产品的性能、质量、型号、规格、可靠性与使用方法，这样可以赢得用户的信任与好感。二是在市场开发上，不能漏掉任何一个地区，即使像西南区这样比较边远的地区，我们也应趁西部大开发的良机，下工夫去开发用户、开拓市场，西部大开发同样会给我们带来发展的机遇。"

专家点评：

因为刘东的回答是有备而来的，自然一语中的；再加上他在回答时很讲究措辞，最后他脱颖而出、被顺利聘用了。

4."你对薪资有什么要求？"

有的单位并不在招聘广告中明确所招岗位的薪金，但在面试时一旦认为应聘者条件合格，便会询问其对应聘岗位的薪金要求。对这个应聘中比较敏感的问题，回答时应根据岗位性质、岗位重要程度及本人的实际情况谨慎回答，若在事前进行些相应了解，回答起来就会更胸有成竹。我们来看以下三种回答。

① 无所谓。

② 我相信贵公司能有今天的发展，一定是根据员工的工作业绩、贡献来支付薪酬的。

③ 根据目前同行业的薪酬标准以及我本人预计的能给公司带来的效益，我觉得公司付给我的薪酬应该不低于月薪×（具体数字）元吧。或者说根据我现在可以达到的工作水平，我期望的薪酬应该是月薪×（具体数字）元。

专家点评：

第一种回答表面上看来似乎说明应聘者是个注重工作、甘于奉献的人，但最容易给面试官造成不够诚实的印象，因为薪酬和工作贡献是不可分割的。我们找工作的时候，既要考虑能否发挥出自己的潜力和才能，也必须考虑应得的薪酬，没有了薪酬，谋求的工作也就失去了维持生存的意义。所以，在现今务实的社会，最好不要乱唱高调。

第二种回答弥补了第一种回答的缺陷，虽然没有说出具体的薪酬标准，但是却既表明了对薪酬的关心，又肯定了对对方的实力和公正的薪酬机制的信任。不过这种回答方式有时也会让人觉得过于圆滑。

第三种回答当然最好。不少应聘者谈到薪酬时，往往是心里想了解、嘴上却不愿问或者不敢问，生怕谈及钱就会给面试官留下注重享受、待遇而忽视工作、贡献的坏印象。其实，在多数情况下，面试官是觉得求职者不错才主动询问求职者对薪酬的期望的，以便做出分析和决断，所以，如果求职者断定对方是出于这样的考虑而提出这一问题，这种有根有据的具体明确的"报价"，既能迎合面试官的期望心理，又能显示出自己是个有头脑、善于分析的人才。

小林原在内地某铝合金加工企业工作，先后担任过生产线工段长、质量检验负责人、技术开发部经理等职务，对铝合金的生产流程、质量标准、产品型号、工艺要求等都了如指掌。后来他跳槽去东南沿海一家铝合金加工企业应聘技术主管。应聘前又通过熟人对该企业的生产经营情况、企业效益与员工薪金做过了解。当面试时对方问他："如果被聘用为公司技术主管，不知你对这个职务的薪金要求是怎样的？"他立刻报了一个略高于该公司同等职位人员薪金的要求，并幽默地说："我想我这个薪金要求也许跟贵公司的标准差距不大嘛！"对方果然含蓄地表示："差距不是很大，薪金问题应该好商量。"小林一听就知道对方实际已基本答应了自己提出的薪金要求。

如果自己对新单位的薪金水平心中一点都没底，那么在回答有关薪金的问题时就可以含蓄、模糊一点。小孔到一个电子元件公司应聘时，这样回答提问者："各单位都有自己的规定，我来贵公司应聘，自然是入乡随俗了。如果我以后做出成绩，领导自会考虑的。"面试官听了会意地点点头，结果他被顺利录用了。

5. "你有什么弱点/缺点？"

这个问题之所以尖锐是因为每个人都不可能没有弱点，所以一定要正面回答；另一方面，如果你说出自己的弱点，很可能会使对方对你产生不良印象，一场面试很可能就此失败。面试官提出这个问题其实是要看看你是否坦率诚实和具有良好的心理素质。有些面试官常这样问："能谈谈你某次失败的经历吗？"错误的回答是："我想我没有这种经历。"要知道，没有人相信谁是从不失败的。正确的回答应是："人的一生谁也免不了会有缺点和弱点，人的发展就是在对缺点与弱点的不断战胜中完成的。我的弱点是在我向着一个特定的奋斗目标努力追求的过程中常常出现急躁情绪。我想随着年龄的增长和经验的丰富，我会不断改正的！"

有位工程系毕业的学生，在大学一年级时差点因考试不及格而退学，但毕业后求职面试时，他这样告诉面试官："我很快振作起来，我用的是一种武器——顽强拼搏。要战胜困难，非顽强拼搏不可啊！后来我的成绩一直是 A。"结果，他得到了自己期望的工作。

124

6. "对于本公司，你还有什么问题吗？"

如果面试官提出这类问题，目的只是考验应聘者作为一个尚未"入门"的员工，是否是一个他们期望的注重埋头工作而对工作以外的享受等问题看得很淡的人。不过，在多数情况下，面试官提出这类问题，不仅涉及待遇，也包括双方还没有谈到的应聘者对公司其他情况的关注程度。如果应聘者抓住这一机会，提问一些问题来表示对所应聘公司的更大的关注，无疑能为自己增加获胜的砝码。

你可以这么说："我想问一下，贵公司除了刚才承诺的工资待遇外，还有没有别的方面的优待政策，如保险、培训等？"

这种回答，通常会让面试官觉得你对自己很负责、考虑问题比较周密（询问有无保险），而且奋发向上（询问有无培训）。显然这种得体的回答会使你身上陡增亮点。

（二）面试禁忌话题

1. 内心的性别或种族偏见

你或许以为面试官与你志同道合，所以便无所顾忌地对该问题大讲特讲，其实这样等于自掘坟墓。要知道职场里不允许性别和种族歧视存在。

2. 先前公司的机密资料

你既然可以出卖以前的公司就可以出卖现在的公司，所以面试官会认为你这个人不值得信任。

3. 政治话题

在有的外企，由于政治取向的差异会带来工作上的敏感，故不要随意谈论政治话题。

4. 宗教话题

宗教信仰自由，故不要由于自己的粗心大意随意谈论自己不能接受的宗教话题，以免造成难题。

5. 家人或亲戚情况

即使面试官桌上摆着自己的家庭照、你的口袋里装有亲人的照片，谈这些话题也不行，因为这不符合面试的场合。

6. 某地区的天气、交通或任何风土人情的偏见

你把某地批评得体无完肤，然而该地有可能碰巧就是面试官的家乡，这不等

于撞到枪口上了吗？

7. 为面试官取得某物或某种特殊商品的提议

例如，"我能用批发价为你买到……"也许这是事实，而且如果换了场合这或许会表现出你待人的热忱，可是在面试时这个话题则格格不入，而且会显得你在讨好和贿赂面试官。

8. 老提自己与大人物的交情

名人的排场和派头并不值得你大讲特讲，他们是他们，你是你。假使你真的与某些社交名流交往甚密，也最好低调一些，否则就会给人留下好吹嘘、爱慕虚荣的印象。

9. 和工作毫不相干的个人憎恶

举例来说，你提到"如果不幸天生一头自然卷，绝对会把它烫个离子烫，改成直发"，不幸的是这个公司的总裁碰巧就有一头毛茸茸的自然卷。

三、给面试官留下良好印象

（一）第一印象

1. 第一印象形成的时间

第一印象的形成所需时间为 6 秒钟左右。也就是说我们第一次接触双方，就对对方有了一个第一印象，在接下来的时间里我们就会用不同的方式、方法去验证自己给对方的第一印象，来证明自己的正确性。如我们常听人说"我就觉得他这个人……"，"果真，有一次……"前者"我就觉得他这个人……"往往指的是第一印象，后者说的"有一次……"往往是在后面接触过程中发现自己第一印象正确，在得到了验证之后加以阐述。看来要给对方留下好的第一印象，见面的前 6 秒是非常重要的。

2. 对个人的第一印象

（1）讲一讲

我们时常以个体的形式出现在他人面前，如面试、相亲、演讲、讲课、面谈等。这种情况下，大家把目光集中在个体身上，所以个体在前 6 秒给大家的第一印象非常重要。特别要说明的是，这前 6 秒不是从双方开始说话时开始计时的，而是从个体的形象出现在大家面前的那一瞬间开始计时的，包括个体走路、笑容、手、足等任何形体语言都可能给对方留下好的或者不好的第一印象。

（2）想一想

① 你认为你平时与人接触时，给别人留下的第一印象如何？

② 你认为你给别人留下的第一印象是自信的吗？

③ 想想生活中你认为自信的人，他给你的第一印象如何？

（3）试一试

★ 形式：全体同学参与

★ 时间：5分钟

★ 场地：教室

★ 材料：无

★ 目的：①了解第一印象的重要性；②了解自己细小的行为举止，都可能给对方留下不好的第一印象；③掌握握手礼仪的要点。

要求：

第一部分，见面"握手"（全体参与）。

处于单数组的同学扮演企业领导。

处于双数组的同学扮演求职者。

注意留意双方握手时的感受。

第二部分，与老师"握手"（代表参与）。

请5～6位同学上台演示与老师"握手"，老师逐个分享与学生握手时第一印象的感受，并逐个点评，同时导出握手礼仪的要点，具体如下。

身体——略有前倾

头——不要太低

手——接触面合适

礼貌用语 ——"您好！"

讨论：

① 你感觉上台的几位同学中，哪一位给你的第一印象最好、最有自信？

② 你感觉上台的几位同学中，哪一位给你的第一印象最不好、感觉最无自信？

3. 对团队的第一印象

与以上相反，我们每个人是团队的一员，我们的一举一动也影响到团队的形象。如领导到团队视察时，会对整个团队产生一个第一印象。企业领导对要面试群体的第一印象，有时也是非常重要的。有一个企业本想在某校招聘 5 名同学到该企业工作，可他进入该班时，看见班里的环境与同学们的精神面貌，马上产生了不好的第一印象，认为这个班不理想，好像没有凝聚力和战斗力。接着去到另一个班，一进门大家的掌声、笑容、良好的精神面貌立即给他留下了很好、很深的第一印象，原计划招 5 人，结果他临时改变主意将招聘人数增加到了 8 人，而且全都是第二个班的学生。

看来团队给对方的第一印象也很重要。团队留给别人的第一印象的好坏取决于团队中的每一个人，只有我们团队中的每一个人都把最好的第一印象留给对方，团队才会有好的第一印象给对方。

团队中的每一个人都会对团队的精神面貌产生影响，别人也会在 6 秒内对团队留下第一印象，团队第一印象的好坏与团队中的每一个人都有密切关系。

教师引导学生进行如下小实验：模拟企业领导到学校某班面试的场景。企业领导可由老师或学生代表扮演，并分享进入班级后的第一印象；总结后再演练，分享两次进入班级后的第一印象有何不同。

以上讲到了第一印象，其实人与人之间第一印象的实质就是此人的精神状态，而精神状态的好坏又与一个人的自信程度密切相关。面试也好，相亲也好，选人也好，谁都想找有自信的人，对自信心强的人来说，再大的困难也不是问题；对自信心强的入来说，只要想要去做某件事，就没有做不了的事。

（二）打动人心的语言技巧

1. 幽默诙谐

幽默诙谐的语言可以缓解求职面试场合的紧张气氛，同时也会给面试官留下活泼风趣的良好印象。当然，幽默要掌握好分寸，不能过头，毕竟面试是一个比较严肃的场合。

一位大学毕业生走进一家报社问道："你们需要一位好编辑吗？"言下之意，自己当然就是"好编辑"，语言很是自信。

"不。"对方干脆地拒绝了他。

"那么，好记者呢？"（语言还是那么自信。）

"不。"（拒绝还是那么干脆。）

"那么，印刷工如何？"依然是坚忍不拔。）

128

"不。"（看来是没戏了。）

"那么，你们一定需要这个东西。"这位大学生从公文包里拿出一块精美的牌子，上面写着："额满，暂不雇用。"

报社主任笑了，开始用一种新的眼光来审视面前这位年轻人了。最后，这位年轻人被录用为报社发行部经理。

2．直截了当

一位女士在面试快要结束时问了面试官一句："贵公司什么时候能通知我是不是被录用呢？"面试官说："你再等等，就这一两天吧。"女士马上就说："先生，我喜欢干脆利索，录不录用不会这么难决定吧？贵公司的工作效率也不会这么低吧？能不能现在就告诉我？这样我也好有所准备。"这几句话虽然有些出乎意料，但是充分显示出这位女士不卑不亢、自信直率的性格，面试官觉得这位女士十分与众不同，于是当场就告诉她明天就可以来上班。

3．实话实说

一位刚刚大学毕业的年轻人到一家公司去应聘，当面试官问他"为什么到我们公司来应聘"时，他说："贵公司待遇好，工作稳定。"面试官一下子就露出了笑容，觉得他很直率。后来面试临近结束时，他问到了待遇问题。一位面试官问他："在结果还没有出来前，你就问待遇问题，你不怕我们对你会有看法吗？"他如实回答："招聘是双方面的，公司在选择我，我也在选择公司，问一下待遇问题是再正常不过的事情了。假如我不关心自己的待遇，那只能说明两个问题：第一，我是一个"南郭先生"，只想到贵公司混口饭吃；第二，我没有诚意在贵公司工作，而只是把公司当作一个跳板，一旦有好的机会我会立刻跳槽。这当然不是你们所希望的。俗话说"还价的才是买货的"，我珍惜这个机会，是真心想到贵公司工作。"他的话音刚落，面试官们又不约而同地笑了。三天后，这位年轻人接到了被录用的通知，这都得益于他不卑不亢的态度和诚实的品格，实话实说、不绕圈子。而正是他的实话实说让面试官们一致认为他是一个"实在"人，公司也确实需要一个工作踏踏实实、心口如一的人才。

李强在一家公司应聘技术主管一职时，当对方询问他是否愿意从事销售工作时，李强果断地说了"不"。面试官问他为什么拒绝，他坦荡地回答："本人长期从事技术工作，性格上不够开朗、活泼；处理问题总是丁是丁、卯是卯，缺乏灵活性；与社会上的人交往少，缺乏社交经验。而这些恰恰是销售人员最起码的条件。我明明知道没有这方面的特长，如果硬要去干，到头来公司与本人都会十分尴尬的，甚至还会给公司造成不必要的损失。"面试官听了李强如此坦诚的陈述，不禁连连点头，对他刮目相看，最终决定聘任他为公司技术主管。

4．避实就虚

其实，上面讲述如何回答刁难性问题时，所讲到的很多例子就运用了一种避实就虚的方法。例如，面试官问你的缺点是什么，你就可以说："哦，我就是有点话多，跟谁都能有话说，特别活跃，有时候可能挺烦人的。"话多看上去好像是一个缺点，但只是一个小小的缺点，可能对工作影响不是很大，而如果应聘的是销售的职位，这反倒恰恰是一种优点。用这样的语言来回答问题，就避开了自己真正的缺点，代之以一个算不上缺点的缺点，很巧妙地扭转了被动局面。

5．情感投入

奥地利精神分析学家弗洛伊德结婚后，他的夫人想请一位佣人，就询问几位应聘者有没有什么要求。那几位姑娘有的说要有休息日，有的说要有单独的卧室，有的问能否和主人一起上桌吃饭，只有一位姑娘悄声说道："我希望成为家庭中的一员。"弗洛伊德夫人听后大为感动，当即决定聘用这位姑娘。

应聘者受聘后能否与他人融洽地相处，这是面试官很关心的问题。如果应聘者在面试中能恰如其分地表现出一种归属感，常能取得好效果。这位姑娘在面试中谈吐不俗，她充分地理解作为一个佣人，应当与雇主全家和睦相处，在心理上与雇主达成默契，这样有助于形成良好的家庭氛围。事实上，用人单位招聘人才的目的，也是寻求工作上的合作者或者"好帮手"。只有那些对公司怀有强烈归属感的人，才能与公司荣辱与共、同甘共苦。所以，求职者应多从对方的立场上考虑问题，方能使面试官产生好感。

6．善用外交辞令

有些问题如果硬要回答就会漏洞百出。例如，面试官问："如果把这个工作交给你，你有什么样的工作计划？"如果你有很丰富的相关工作经验和对这个单位状况的分析，也许能说出个一二三来。否则，你就应这样回答："我只有在接手这个工作后，才能根据实际情况制订相应的工作计划。"这样会给面试官留下不空谈、比较稳重的印象。

当有些问题太过刁钻而且实在无法回答时，你不妨反戈一击、反问对方，这样往往也能起到意想不到的效果。

例如，古时某主考官见一位朱姓考生知识渊博、思维敏捷，对各类问题对答如流，于是突发异想，抛开原定题目，出了一道偏题："《总理遗嘱》，每次纪念周会上都要诵读，请你回答它一共多少字？"这下可真把朱某难住了。他暗想：主考出此题目未免脱离常规，既然有意刁难，录取必然无望。于是他不管那么多，大胆反问："主面试官的大名，天天目睹手写，也已烂熟，请问共有几笔？"主考官想不到该考生竟会如此反问，一时愣住。主考官十分赏识朱某的才能和胆识，于是亲自录用其为县长。

（三）沉着应对面试官的沉默

有时在面试之前，应聘者做了认真的准备，自以为能够应付自如，可是没想到，面试正进行时，面试官却忽然沉默不语。这突如其来的情况可能使应聘者一下子不知所措，该说的已经说完，一时又想不出新的话题，双方只好在沉默中度过。

其实，当面试官沉默时，他或许是在等着看你接下来的表现，看你怎样应付这被动的局面。这个时候，你首先要做的是静下心来、沉着地应对。

1．快速反省

在进行面试的时候，面试官可能会忽然沉默下来，然后面带微笑看着你。相信大多数求职者都曾经遇到这样的情况。这个时候，你应反省一下自己是否在唱"独角戏"、是否在不知不觉中已离题万里。面试过程中，你在还没有弄清对方想听什么之前便独自长篇大论地说上一通是不明智的。反之，你应该给予简单明了的回答，并用清楚的内行话说出要点。

2．主动打破沉默

面试中的沉默有时候是许多面试官的"撒手锏"，因为这能有效检验应聘者的心理素质和应变能力。这时，你应该主动打破沉默，可以从以下几个方面突破。

（1）做补充。你可以对自己之前所说的内容做个补充。如果你刚刚谈了自己以前所取得的工作业绩，那么你可以接着谈自己有哪些不足或者有什么感到遗憾的地方。你可以从正面补充，也可以从反面补充，这样会让面试官觉得你思考问题很全面。

（2）做总结。适当地总结一下也是不错的处理办法。当面试官沉默时，你可以大胆地用"总之……"为你的回答做个简短的结尾。事实证明，这往往是行之有效的方法。

（3）寻找新话题。你也可以另起一个新话题。你最好能在面试之前，就准备这样几个新话题，以备不时之需。一旦遇到冷场，马上话头一转，与面试官进行新的讨论。

（4）反问。如果以上方法还不奏效，还有一个办法，那就是把"球"踢给对方。例如，你可以适当地反问道："以上是我个人的基本情况，对此您有什么看法？"或者说："您还有什么需要了解的吗？"这样，往往能够化被动为主动。

3. 理解面试官的身体语言

面试官在面试过程中突然不说话，但是他的眼神、身体语言仍在传递着信息。你必须识别面试官的身体语言变化，从中获得他内心深处的真正情绪。

当面试官厌烦时，常表现为坐立不安、眼睛看桌面上的小东西、用手指头轻敲桌面，这时候你可以试着改变话题或主动提问，让面试官重新回到面试中来。当面试官分神时，常表现为眼睛在你身上游移或看着桌上的东西，这时你说什么他都很难完整听进去。当面试官不太愉快时，通常表现为双手在胸前交叉、身体向后靠、明显地改变坐姿等。当面试官对你的话感兴趣时，则表现为坐姿向前倾、接近你、眼睛注视着你。当然，也许这位面试官很沉稳，什么也不表现出来。

这时，如果是因为你说走了题或说得过于冗长，便要设法快速结束；有时对方提问不当或理解不了你的话时也会对你产生防御、抗拒的心理，作为应聘者，你应当耐心地解释。

（四）模拟面试

1. 讲一讲

很多学生没有参加过面试，有的将面试想象得很可怕；有的却认为面试没什么了不起；有的设想好面试时该怎么说，可到了真正面试时又不会说了。这里面有一个原因就是缺乏经验，导致理论与实际相脱节。模拟面试的目的就是让大家去体验面试过程，进一步深入了解面试，为将来能在面试过程中更好地发挥打下基础。

2. 想一想

（1）你心目中的面试是怎样的？

（2）你认为面试一般会问什么问题？

（3）你认为面试的关键是什么？

3．试一试

★ 形式：分组进行

★ 时间：每组 5～10 分钟

★ 场地：教室

★ 材料：无

★ 目的：（1）体验面试的重要性。

（2）了解面试的过程。

（3）学习面试的技巧。

（4）通过面试过程中的及时点评，纠正不足，从而提升面试能力。